目次

政治家の資質

安倍晋三が岸信介に似て来たなと感じる。思うのではなく感じるのだ。祖父が感じられるのは何故か、きっと確固たる信念が受け継がれた所以であろう。政治家は為さねばならぬものを持つ人でなければならない。その為の揺るぎなき忠誠を国家および国民に誓う者でなければいけない。国という、否その土地に住む者等にとっても大切なものを守りきる不断の努力をし続ける覚悟ができている人でなければならない。

安倍晋三にそれらがあるか？

彼は政治家である。

（令和元年十一月）

畏怖される存在

大きな仕事を成し遂げるには切り捨てなければならない人間や事態に遭遇しますが、それに対しては果断に対処すべきと思います。

人間とはアッという間の出来事には弱いのです。攻撃を逆手にとっての攻撃のアルト（技）と言ってもよいでしょう。しかも、できる限り民衆に対して畏怖の念を抱かせるように工夫された対処であることです。

矛盾を突くことは大事ですが、そのことにのみ捉われて却って手も足も出なくなり、挙句、自壊してゆくのが今の野党と言わざるをえません。

自壊への行程に有効なのは突き返すことです。そんなことは暴力団にまかせましょう――冗談ですが、その為に優秀な官僚がいます。官僚は逃げ道を見つけるのも恐ろしく速い者達の集団ですから、その中の選りすぐりを使いこなせば上手くゆきます。

あなたの血はあなたで終わります。一族の血は繋げられてもあなたの血は絶える訳です。

私はそこにあなたというサラブレッド性を感じます。

（令和元年十二月三日）

優しさの本質

貴男を縛れるのは「国」しかありません。何という大いなる孤独！　一体にして人類と称される者のうちの幾人がこの大いなる孤独と戦うことを許されるのでしょう。

誰にもわかってはもらえない、いつまでも、ずーっとずっと。

いいんです、それで。歴史の中に生きるとはそういうことだと思います。

国の乱れに際しては、事を避けるのではなく踏み潰すのです。そういった行為の徹底を果たし得た為政者こそが国家という名のもとの運命共同体を盤石にするのだと歴史は語っています。

ですが、たびたびはいけません。週刊誌ではないのですから……。

恐怖は憎しみも買いますが畏れの中には尊敬の念が混じります。畏れられると共に愛されることは難しいこととは考えません。卑しさが無ければ良いのです。

貴男は卑しさを持ち得ませんね。ああ、美味しかった！　でいいんです。

微笑んでください。優しさの本質は微笑みにあります。

ダ・ヴィンチが描いたように――

笑顔は最強の武器とはなり得ますが……

（令和元年十二月二十二日）

ルーツに立ち返る

自国の軍隊を持たないということの悲劇を現国民はわかってはいません。良き軍隊を持つことなく属国ともならずに日本の抑止力とできたのは、経済という実体が効を奏していたからで、この根本は日本人一人当たりの生産性が優れていたから。その認識が一般に成されていない為に、一人ひとりの労働生産率が急落している現状の日本の採るべき道が理解できないのだと思われます。

強い経済があってこその同盟なのであって、経済が先細りになれば属国化されてゆくという歴史の教訓が日本人にはしっくりこないのであれば、労働生産性を高める教育方法は勿論のこと日本人のルーツ（アイデンティティ）に立ち返る必要があるのかなと考えます。皆でお手々つないでチィチィパッパという風潮は本来の日本人の姿ではなく、それが敵であっても良いと思えることはキチンと認められる質の人間が日本には沢山いたのです。その者達が紡いだ数々の遺産、一刻一刻を丁寧に懸命に生きるというプライド、それらのひとつひとつを掘り起こし喚起を促すには武器を持った指導者が必要なのです。

人間は正論を吐く者より、武器を携えた者により早く多くが従うものです。

貴男が必要です、新生日本を興してください。

（令和二年一月十六日）

己を知る者の為に

　武士道とは死ぬこととみつけたりとは本当は誰が最初に言ったのでしょう。その死ぬという意味の内には、武士《もののふ》は己を知る者の為に死す、があるのでしょう。

　藩や家系にばかり捕われたのではなくて、自分（私）の存在理由をわかり、認めてくれている他人の為には死をも厭わないという何かが、誰にでもあるとは思えませんが、桜を見る会の質疑応答を繰り返すよりは、国主体の若者を中心に据えた「世界をみよう会」などという催しを、日本の主要都市で廻り持ちしながらのディスカッション大会でも繰り返したほうが良いのじゃないかしら。出場者は希望者を募っての公開抽選とする。などという意見があるのですが野党の皆さんはどう思われますか？　と聞いてみたりして――。そうなると与野党を問わず勉強が必要となるのでレベルアップに繋がり、さまざまな分野での人材発掘が可能な原野の一翼となり得るでしょうし、それこそが日本の原資だと考えます。

　貴男は何につけても（狐とライオンをひき連れた）育ちの良いサラブレッドという印象を武器とできる人ですから、狸は必要性を認めるぐらいと割りきって働いてもらうことです。

一億五千万円には関与していないとしらを切る狸にお腹を打って頂きましょう。

（令和二年二月一日）

等しい権利の根源

首相よ度量をもっと大きく持ってとか、聞く耳を持って云々、などという学者や有識者などの論評を見聞きするにつけ、一体全体この国はいかなる制度の下に動いているのかと考えてしまいます。度量云々、聞く耳云々とは会話が成り立つ者に対して言える言葉であって、一国の首相に向かって鯛は頭から腐るなどという言い廻しが吐ける出来損ないの相手に、会話は成り立つか？　私を鯛と思ってくださってるようで有難う、鯛の喜ぶエサは何でしょうかねえなどとすっとぼけて対応して上等であろう。

自由な社会には規律、節度が必要であることをわかっていないからイケない。国会議員って、こんなにも質が良くなかったのかしらん？

「安倍内閣の支持率急落」と新聞で書いたりテレビで言ったりすれば、国民は喜んでくれるし視聴率もあがると思っている（らしい）軽薄な人達を、相手にする方も軽薄であろうから、ひとまず承っておきますとイナしておくことです。

国民はそうそう馬鹿ではありません。メディアに乗って騒いでいるふりをしてその実サメた眼でみている者も少くないのです。そんなの百も承知で仕掛けているのさと開き直るにしても余りにお粗末すぎて噴飯物でしょう。

コロナウイルスという現象に時代を感じませんか？　潮目が変わるというような、何か――それが掴みきれれば、この国は今一度再生できるかもしれません。

でも岸田さんではイケナイでしょう。石破さんではもっとイケナイ。では誰か？　やはり貴男しかイナイのですよ。

今回のコロナウイルスに対しての日本政府の対応の遅さ云々、お隣り韓国では陽性か陰性かの検査さえ、日本の比ではないほどの早さで進められているのに云々などという政治家や学者、評論家、メディアは、今の日本という国の姿をどのように認識しているのだろう？　国家の火急に際しての国民の意識のあり方の違いでしょう。自国の軍隊を持っている国ほど、国家存亡ともなれば軍隊（自国の）はそこが死地となろうとも戦いに行くのですよ、財産を没収されようが何も言わず（言えず、か）政府の決定に従うのです。義務がそっちのけの自由な日本に対し、韓国には自国民、強制としての軍隊があります。この軍隊に対する意識、自国防衛という意識を現在の私達日本人はそんなには強く持ちあわせていませんから、何かといえば義務がそっちのけの権利を主張して国（県、市等）からお金をせしめる算段ばかりする。それが当たり前と思っている多くの人達を相手に「休め」とでも言おうものなら（お金が）いくらあっても足りませんよね。何を基準にして皆等しい権利を有するというのか、税金で成り立つ国家を忘れている。

　官僚に対してはスタンダードに能力を買うという姿勢を貫くべきですし、野党に対しては絶対的権力は内閣にありとしてのウェルカムの座布団の用意を怠らないこと（座布団には裏返しやスッと引き抜く等の効能を持たせることが可能）。

　そして国民に対しては明かりを見せることです。ポピュリスト的与野党人やマスコミ、学者の反対をゆけばよいわけで、彼らに対するに真摯に向きあう必要を認めません。意外にも国民は利口でして本当のところはうすうすは感じているものなのですから、暗いポピュリスト的与野党人やマスコミ、学者にしてしまえば良いのです。澄ましてできるだけ慇懃無礼に接すればやがて彼らは自壊してゆきます。

　カジノに対しては国民が正確だと思える情報が必要です。来日外国人の増加などに伴う雇用拡大等に於ける経済効果、それらに必要なセキュリティの徹底方策等の説明が為されるべきと考えます。概算でも数字の羅列には国民は弱いですから年収五〇〇万円程度の人が遊びに行ける場所ではありませんよ、などと言ったらまた紛糾ものでしょうが、実際大半の人がパチンコ感覚で考えているのが現状ですから中毒患者が出る等騒ぐわけです。

ですが、このことに関しては余りハッキリ言わない方が良いのでしょう。庶民が夢をみられなくなりそうですから――――じゃあどうする？　ですよね。

国会での答弁の際に数字を羅列されたらもう国民は頷くしかありません。数字は力です。

（令和二年二月二日）

「明かり」を見た

安倍首相、よくぞおっしゃってくださいました。私の一存により決定致しました、この姿勢、この言葉こそがこの国に必要だったのです。事の良し悪し、時期の良し悪しを超えて「明かり」を見たと多くの国民は思えたはずです。不安を払拭できた訳ではありませんがふっと「安心」が腹の底に降りてきたような――コロナを阻止しなきゃ、景気が悪くなっても辛抱して頑張らなきゃという想いを抱かせて頂きました。ありがとうございます。

政府の対応が後手後手だと騒ぎ立て、政治決断をすれば、専門家会議に相談があったかどうか云々とてポピュリスト的学者、医者、政治屋等を動員しては劇場作りをする一部メディアの節操の無さが、酷さを増しているのを好機と捉えて、今ある資源を使って国民が打ち込めるような諸政策を打ち出し、彼らの批判が的外れと国民の眼に映るようにするには？　一億総活躍社会という名目ならば自衛隊と民間の協動体制を拡げることは可能だろうと考えます。見たり聞いたり共に動いたりすることで、国防という意識が培われてくるのではないかと思うのです。それらを早く効率的に進めるには、これまた官僚という資源があります。彼らは他に勝ち抜く術を身をもって知っていますから、なに！　政策作り！

よっしゃあ（田中角栄元首相の言葉を借りれば）と燃えてくれる人が多くあるはずです。
そうしたらまた、口うるさい人達は充分な説明が為されていないとか言い続け、揚句、いよいよ抵抗しても無理ともなれば、審議は脳味噌が活発に働き始める午前十時頃にして——とまで言い出しかねませんね（ブラックジョークが過ぎました）。

（令和二年三月十二日）

経済の元は信用

公共の法律を個人がその意味を洞察して了解するようになるには（押しつけられたものではなく自分のものと感じるようになるには）、為政者はみずから民衆に対し暴力的にならざるをえない。このことは避けては通れない事柄である以上、時の為政者がやれなければ次の――という具合ですでに半世紀が過ぎました。かつて岸信介首相が自らの進退を賭して国益を優先されたということの事実をキチンと総括できない現状の国民性（と言っても過言ではなかろうと思います）に対し為政者の孤独はいかなるものか――この国は守らなければなりません。

この半世紀、世界はエイズという病気と闘い今度はコロナという病を敵としています。当時中央アフリカでのみどり猿のウイルスが突然変異を起したというギャロ博士説とは意見を異にして、アメリカの化学兵器の産物である説が流布したのを思い返せば、今度は中国というその時代の世界の大国を標的とする手法は相も変わらずです。事の真偽はいずれにしてもこのような状況に於ては、国内はもとより世界へと発信する情報公開の徹底化、細分化ではなく数値化が効果的と考えます。あらゆる通信手段を使い日本の現状を、対策状況をリアルタイムに発信し続けることがこの国を未来へと導くような気がします。信ずるに足るという想いが信用となり、力となると思うからです。

経済の元は信用でしょう。

安倍首相はよくやってくれているよ、あの人のあの血でなければこの難局は乗り切れないだろうとの声をよく耳にするようになりました。ありがとうございます。老人が生命を終えるまでの個人経費が約二千万必要という説が政府の意図した方向とは別に一人歩きをしてしまい、消費の停滞を招いていることは否めません。揚句、夫婦それぞれがお互いに自分の持金を減らすまいとして仲が冷めつつあるのに、お金を使ってと呼びかけるのは無策でしょうね。勿論、寄り添う力が強くなった夫婦もあるのですが、私の知る限りでは仲の冷める夫婦の方が多いのです。そして男の方が先に「アキラメ」ますしね。コロナ対策に於ける現金配布にしても半分は預金に廻ってしまうのではと考えます。

不安を「安心」に替える「情報」が必要です。

（令和二年三月三十日）

決断を遅くさせるもの

国民に一律十万円配布というのはなかなかに上手く考えた施策だと私は思います。実際に還元として流通するお金は甘く見積っても七十％くらいだとは誰もが考えることでしょうが、貯金に廻そうが使おうが国民皆が「幸福感」を味わうわけですから。

これで消費税アップの覚悟がある程度はできた人が多くなったと思いきや、取られるとなると人間「イヤ！」と騒ぎ出すのは何処も同じでしょうが、コロナでこれほどの国や地方自治体のお金を使い、しかも一律十万円の支給も受けたのなら、今度は一律にお金（税）を納めるのは当たり前でしょう。消費税なら不公平感はないのだし、ヨーロッパ諸国等に比べても日本の（消費）税率は安いのだからアップして当然！　と私が言った時の（私の）周りにいた人達（といっても五名ですが）の反応はといえば、いろいろな議論の末に、「で、いつ頃（消費）税上がるのかなあ」「二〜三年先じゃあないか」「その時の首相は安倍さんじゃないとすると、また、先送りで赤字国債の発行だよ」――でした。

日本の安倍首相は他国のリーダーに比べてやること為すこと遅い云々、これでは指導者としての資質が問われる、揚句、それぞれの国のリーダーの採点紛いの表まで放映する節操のなさには哀し過ぎて返す言葉もありません。

国民はわかってはいません。「日本の民主主義」という政体に在る指導者の権限は、アメリカ民主主義の大統領という指導者の持つ権限、ドイツやフランス等の指導者の持つ権限と比ぶれば、はるかに憲法の制約があって（昔、ギリシャにあった衆遇政治とはこのようであったのかしらん？　と私は思ったりするのですが）身動きがとれないのだということを――。何しろ現憲法は、戦争をする気持ちを起させない為にはどうしたら良いかを第一義として草案されたのではなかろうかとか、理想的な憲法だが実行するにはキツイ憲法だなどと考えている人もいるのですが、大方の人は民主主義とはこういうもので、アメリカ、ドイツ、フランス、イギリスなども同じなのに、なぜ日本の首相は決断、実行が遅いのか？　と思っているのです。

現憲法に則って政治を行なうという事は、四方八方に意見を求め充分な審議を経たのちでなければ、首相（私）は動けないのですと仰しゃったら如何でしょう――（わかっていない、わかっていても素知らぬ振りをしてのポピュリスト屋達はどのようにして己を正当化させるのでしょうか？）国民の知る権利に答えるという形は採れないのでしょうか――。

（令和二年四月二十一日）

「倫理」はどこに

　見事にうっちゃりを喰って今、国民は慌て始めました。自重しないととんでもないことになりますよと暗に匂わせて「お願いします」と仰るわけですから、これはもう勝負あったりです。暫くは国民に（専門家会議、諮問委員会議等々の人達にも）下駄を預けるようにすれば、どうして良いかわからず右往左往で時を費やした揚句、こうしちゃあいられないと考え始めてくれるかもと希望的観測をしても、何しろ平和平和で七十年を過ごし、異を唱えることを民主主義だと思い込んでいる人が多いのに加え、どうして憲法を改正しなければならないのかがわからないという具合で、そう簡単には憲法改正には頷かないでしょうが危機意識は持つと考えます。

　ここが官僚、自衛隊（軍隊）を従えての政治家の出番だと歴史は語っています。機が熟すのを待つのではなく機を捉えるセンスの有無だとの由――。本当に大変です――が、お願いするしかありません。

　保健所が大変に忙し過ぎて手が廻らないとの報道を受けての反応の一部に、いつも暇を持て余している者同士で助け合えば、例えばね、市役所の職員でも受け答えのマニュアルがあれば、簡単な電話の対応くらいはできるでしょう、という声があったのには考えさせられました。公共機関に勤めている人達のうち懸命に仕事をしている者はごく僅かだとは大方の見方ですが、保健所と市役所では機構が違うとは少しはわかっている人でも——緊急事態ともなれば、常日頃は楽して給料を貰っているのだから、このような時こそ皆の為に役立てばとの思いがある——にしてもです。簡単に垣根を取り払えるのです。官僚が政治家が取り払えないわけがないとは思うのですが危険でもありますよね。その危険を排除しながらの各省庁間の見事な連携プレー、官僚が官僚たる所以をみたいと思ったり考えたりします。

アメリカに住む友達からの手紙には、日本のコロナ感染者数、死亡者数は本当の数ではない、嘘だろう——、ロックダウンもせず、外出禁止令も出さずにあのような（少ない）数字はあり得ないと思っている人達は多いとの由——。日本人は「倫理」を捨て去ってはいませんん、これこそが日本の底力だと私は信じています、と書き送ったところです。

（令和二年五月五日）

「光は不滅」

五月十六日（日）6チャンネル、TBS、AM八時～放映「サンデージャポン」でのこと、事前に録画されてあったと思われますが、元検事でもあった若狭元議員が同期だった黒川検事長の人物評を問われての返答の中の一部――どちらかといえば「できません！」とパシッと言うタイプではなく「わかりました、検討してみます」と柔らかく答えるタイプという言葉だけを放映しそのあとに続いた、検察庁は個人の思惑等に揺らぐ組織でもなければ存在でもないとの一連の重要なメッセージは伝えられていません。

このところの報道各社の姿勢と同じくこの話の前後も伏線を巧みに利用して、政府にとっての黒川検事長は都合の良い人物というイメージを膨らませたと私は思いましたが

――

若狭さんがテレビ局のそのような行為を容認した？　にしてもそうではなかったにしても、この件に限らず情報操作の意図は明らかだと問われても仕方のない行為がテレビ朝日などの民放はもとより昨今の（「ニュースウオッチ9」に代表される）NHKにも多く見受けられるようになったと感じているのは私だけではないようです――。異を唱えられるの

が民主主義ですが、このような行為は国家にとって危険が大きいのだと国民にわかってもらうにはどうしたら良いのか。まずは案件の効用と損失をできるだけ数値で顕し速やかに国民に提示するという方法は効果的と考えます。人は数には敏感に反応しますし、また信用もするものですから。

国会での答弁が何でも総理なのは可笑しい、何の為に各大臣がいるのだ、安倍首相は疲れきっているじゃないか！　もっとも、どうしようもない大臣に答弁させたら余計な混乱を招くだけだからなあ、任命責任は総理大臣にあるとしても人材不足過ぎなんじゃあないの？　官僚にも優秀なのがいなくなったのだろうか？　何とも幼稚なんだよね。——と巷では噂しております。各大臣は答弁されてはいるのですが、野党が総理、総理と責めるので必然的に総理が答弁するという構図になるのでしょうが与野党どんな思惑で動いているにせよ現状の国会議員と国民の乖離は酷くなるばかりという思いをしております。

お身体をお厭いくだされますよう——、あなたは光ですから——日本の光ですから——光であることの哀しさを問うてはいけないと思っております。

光に対して失礼と考えますので。光は不滅ですから。

（令和二年五月二十日）

国難に対する国民の認識

安倍内閣の支持率が急落しているのは何故か。黒川氏の問題、「アベノマスク」処理の仕方、第二次補正予算案などコロナ対策（経済）支援費用・方法が適切か否か等々の炙り出しに野党、書籍を含む報道関係各社が躍起になっています。安倍内閣の力を削いで何をしたいのか、そのビジョンを国民に明確に示せていない現況に於ては却ってやらせるだけやらせて凌いだほうが得策かと思われます。異を唱えられるのが民主主義ではなく、異を唱えることが民主主義と思っている人達は、知識、教養は持ち得ても見識は如何なものか？と考えてしまいますが――、彼らはわかっていませんね。日本の国会議員の報酬は現在世界三位で高級取りなのだと少なからずの国民は承知していて、国会中継や新聞等を見たり聞いたりしているのです。

この国難に際して我々のボーナスは返上しますぐらいのことを発信できないのかねえ。税金垂れ流しするなと言うんなら、まず己らからだろうよ。民間はまず己の身を切ることから始めるのになあ、などの声が暴動とはならないから安心――でしょうかしら――。

この際、膿を出すことに時間を投資したら如何でしょう。たとえ敵ではあっても大義を持った人であれば、国難に際して手を握り合えることもあり得るでしょうが、優秀ではあっても、大義を腹に据えていないポピュリスト的、ファシスト的官僚、大臣、学者、有識者等の活躍場所をジワジワと縮めてゆく方法、洗いざらい吐き出させたうえでひっくり返しぶちまけて空にするというような――。

中国やドイツの首相に対して正攻法で戦える（日本は軍隊を持ってはおりませんし、インテリジェンス方面に於ても憲法で規制されておりますからこの方法で戦うしかないのです。それも経済という実体があってこそなのですと発信しても差し障りがなくなりそうな世界の状況ですが）政治家は今の日本には貴男しかおりません。

貴男はサラブレッドとしての誇りも大義もお持ちだと私は信じております。

（令和二年六月六日）

憲法を見直すべき理由

やはり天は貴男に味方しますね、チャンスです。

この機を捉えればプラスに転じられると考えます。不謹慎ですが、今度の九州の災害に於ける自衛隊の役割が、これほどスムーズに国民に受け容れられたことが、かつてあったでしょうか。先んじての民間との協働が大切だろうとは申し上げておりましたが、国民の大半に暇な給料取りと思われている職業のひとつだった自衛隊が今は、なくてはならない存在として、しかも感謝の念をもって多くの国民に受け容れられているように思えます。

外国が（どこの誰が）国の（己の）生命の危機と戦いながら私達を助けようとしてくれるでしょうか。今の世界は（世界の指導者は）自国の民を守ることで手いっぱいなのですから、お互い様。だからこそ自衛力が大事なのだとの声はたび重なる自然災害の被災者ばかりではない日本人の声でしょう。

語るに落ちる大臣等の答弁を眼に耳にしていますと、任命システム自体に問題があるとは誰もが考えることです。首相の任命責任を追及して何の進歩も発展もないのは与野党同じだと誰もが考えることなのです。大義を持ち得たその道のプロ中のプロという逸材を民間からも登用してなどと考えておりますと、とどのつまり憲法に行き着きます（私は）。現憲法がこの国を守り支えて来たことは事実ですが、刻々と変わる世界情勢に鑑みれば、今まで役に立ったものが反対に足枷となり、がんじがらめで動きがとれないというような状態（例が少子高齢化というと失礼なのでしょうが――）。

憲法を根本から見直し、これは継承する、ここは改編すべき――とは少なからずの人達が考えているのではと私は思います。

河野大臣の粉骨砕身の姿と首相自からの言葉での語りを多く発信なさったら如何でしょう。そして世界へ向けては麻生副総理とのツーショットを――。その国の首相、副首相という人物は自国民は認めていいても世界が認識してくれなければ駄目なのだくらいは皆わかってはいるのでしょうが、下降線を辿っている日本が何とか見下ろされないでいられるのは、世界がサラブレッドと認める二人が（日本を）率いているということが大きいのですから――。

今回の東京都知事選での山本太郎氏の得票数に顕われたファシスト的要素――、これからの日本に必要なのはこれらへの対処能力にも秀れた人物でなければなりません。

（令和二年七月七日）

お願いします。

トップをスケープゴートにする国

世界の覇権を狙う中国に対して抑止力たり得るアメリカの大統領がトランプ氏で、あるいは良かったのではとは多くの人が思うところだと言えるでしょう。仮にオバマ氏のようなタイプの政治家であったのなら、世界はもっと酷くなっていたのではないかとの声をけっこう耳にします。資本主義での自由主義経済のあり様がゆき詰まってきており、ごく一部の人達が旨味を吸いつくすという構図は薄れるどころか濃くなる一方という世界的な流れを考えてみれば、大統領、首相の任はまさに己を捨てておいて面従腹背、八面六臂的でなければならないのでしょう。それらを解している大統領、首相が次に自国を託せる人物を考え抜いて当面に於ては無理だと判断した場合は、中国やロシアのような政治形態（長期政権）を採らざるを得ないのでは――と（私は）思ったり考えたりします。

憲法改正が解散によって成し遂げられるなどとは、おそらく改正論者でさえも思ってはいないでしょう――ね。

持ち廻りの大臣にポピュリストの野党、貧者宗教の公明党、与党の中のポピュリスト派を束ねての政権運営を続けざるを得ないのであれば問題とするどれかひとつをまず潰し、次はこれ、その次はこれと間を置かずして火事場泥棒と陰口を叩かれようが、反対勢力や国民がア然としているうちに解決を図るなどということが、安倍首相、麻生副総理の時にできなくて誰ができると言うんだとこの私も思います。キレイ事すぎてコワイけれど自衛隊（員）には受けそうな石破さんでも、イザという時に踏ん張れそうにないくせにアドバルーンだけは打ち上げる（タヌキの二階さんの指示でもなさそうですが）岸田さんでも、凄みはあってもその未知数的雰囲気が化けるにはもう少しの間強力なバックが必要だろうと思われる河野さんでも、この他の人達は言うに及ばずでしょうに——その国のトップをスケープゴートにしたがる風潮はそろそろ終わりなのでは？　不穏な空気が、空気だけでは終わらなさそうな気配を私は感じるのですが——。

「経済の本質は人が動いて物を廻し、金が廻ることだろうにコロナで支給された十万円を貯金に廻すとは何事か、せめて半分の五万円は使わなければ貰った意味がない、申し訳ないだろう」

（日本の経済が持たなくなって、年金は減るわ、介護保険などへの個人の支払額が増えるわになったらお金がかかるんだから自衛しなくては）

「冗談は止めろ、一体いくつまで生きるつもりなんだ、普通の年寄りが生きて何の為になる」

（自分がいくつまで生きるかなんて、あなただってわからないでしょう。その言葉は若者が言って意味を持つのです、年寄りは早く死ねってね）

「大きなお世話だって若い者に言ってやる、その代わり国にはなるべく世話にならないようにするとも言う」

（議員は票に結びつくから税金を使っていろいろお世話するんです、私があなたの世話をするのは子供達に迷惑をかけたくないからなの）

「子供に迷惑かけないかわりに国の迷惑になるというんじゃ本末転倒じゃないか。税金は使うが自分の子供から税金は取るなではおかしいだろう」

以上は知りあいの夫婦喧嘩の一幕です。

（令和二年七月二十一日）

一流は「恥」を知る

わが国の裁判にも、正義とは何ぞや——と考えさせられる判決が目立つようになったと思っているのですが、徴用工問題に露《あら》われた韓国という国家の裁判所（裁判官）の識見は極め付きのポピュリズムだと罵る前に、もう沢山！　あんな国とはつきあいたくない！　経済界も他の国へシフトすれば良いのだ、話題にするのも胸糞悪い——との風潮が（日本）政府たたきとならないのはなぜか？

（韓国では何かといえば弱腰外交《日本に対しては》だとして政府をたたくのに）

日本人のほうが「社会というもの」の物事は一方向ではなく東西南北が四隅にあり、円周は三百六十度あるということを知っているのでしょう（憶病だからでは決してない）。その一隅に光が当たれば影ができるのは当たり前。その影の部分にも光が当たるようにしたのが法律ならば法律は正義か？　仮に影に光を射たとして影はまだできる。永遠に続くであろうこの論争にピリオドを打てるのが憲法ではないか。だからこそ憲法は国の根幹を成し、憲法は国民の為に在る。

現憲法が平和憲法で、だから平和なのだと思っている人達に言わせれば、それなのになぜ、改正しなければならないのかがわからないと言ったり、一方では、軍国主義国家となってまた戦争を始めるのでは？　との不安を口にしたりして、何のことはない「平和」はどこからくるのか、きているのかがわかっていません。アメリカが守ってくれるから良いじゃないとの声に至っては、戦争で死んでいった人達は一体何だったのでしょう。

戦後の歴史教育を意図的に避けてきたツケが廻っているのだと（私は）考えざるを得ません。

二度と戦争のできない国、世界の覇権国家とはなれない国にするなどを根底に敷いた憲法を持たせられた先人が、「日本国」というアイデンティティを必死で守り、戦った結果が経済大国という称号だったのだと口に出して言えない現憲法——。

加速している少子高齢化社会での国民の生命財産を守り抜くに必要な制度、それらを可能にする憲法に考えてゆく必要があるのです——と言っても、一般の人にはわからないかしらねえ〜どこをどうするのかとの一般質問に答えていたら、現状の憲法では十年かかっても無理、それこそ戦争にでもならない限りは——。

安倍内閣の支持率の急落はアベノミクスに象徴される安倍首相の求心力の低下にある、等々と野党はじめマスコミ、巷も口さがないですが、力不足な（出来の悪い）官僚（役人）

を重用したのは私の責任でもあります。国民の皆様の様々なご意見が優秀な人材を育てるに役立つのでしょうとかシラーッとしておっしゃったら如何かしら——（メディアは相当な皮肉だと気が付く？　それともまた逆手にとろうとする？）。

先日の河野防衛大臣の記者会見での発信、敵基地攻撃に関する案件で中国、韓国への忖度の必要を提起した愚かな記者に対し、必要なしと断じた大臣の態度にある程度の人達が希望を見た様子——今までなら、「河野大臣のあの言い方は相手（中国、韓国）を刺激してまずいんじゃないの」だったはずです。このように日本の防衛に関する民間の意識は一部メディアの思惑とは反対の方向へ流れつつあると私には思えます。連日のイージスアショア等の防衛関連のニュースの多さは成功です。眼にしたり耳に聞こえたりすることで関心は高まりますから、が、国民を守ることを第一義に考えての判断ですとのアピールを言い続けることが重要です。

大義からはほど遠い人が大義を言う（八月六日読売新聞朝刊に載った小池都知事の所見）己が是とする信念に命を懸けるのではなく、自己の保身を第一とする小池氏に大義が語れましょうか。一流といわれる人間は「恥」という概念を知っているものです。この

「恥」の文化こそ日本人が失ってはならないものなのに――です。

暑くなりました。首相の健康不安説がやっと沈静化しつつありますが、本当に大丈夫なのだろうかと巷では心配しております。様々に悪意的に捉えている人もおりますが、疲れて当たり前という好意的な意見が多いように感じます。

どうか御自愛くださいますよう。

パリを訪れた際、ルーブル美術館にてダ・ヴィンチのモナリザの微笑みを見た時フワリと彼女（モナリザ）が動いたように思えました。あの時以来、彼女はとても身近なあたたかさをもった存在となりました。貴男も天性のあたたかさをお持ちです。

あきらめないで――ください。

（令和二年八月十日）

ザ・レガシー

本当に本当にお疲れさまでした。

ただただ頭を垂れて有難うございましたと申し上げる他ありません。

どうぞ、お身体の回復を第一と考えられてお過ごしくださされますよう——。

お風呂の中で身体を伸ばした体勢で両足の指五本を同時に上下させる（手を握ったり開いたりする動作と同じ）。

それをまず三十回。

それを終えたら今度は両足を踵から上下に三十回、慣れたら五十回ずつ、百回ずつ、騙されたと思って試されてみてください。

貴男を三顧の礼を以って前人未踏のレガシーが待ち受けているのですから。


（令和二年九月三日）

「良き日本人」の体現

叩いてもホコリの出ない人は多分生きてはいないのかも？　二十五日読売新聞朝刊、山口県下関市、長門市民の会の代表の発言内容と共に地元山口県では「引退すべきだ」と厳しい声も上がったと二十五面に書かれてありましたが、このところの読売新聞の記事の扱い方も「なんだかなあ～」と首を傾げることが多くなったと私は思っているのですが――。

貴男が紡いできた貴男の歴史に汚点を残そうと画策されたことは事実であり、その背後にいるのは誰かという問題は検討に価しますが、基本的には各人が抱いている「嫉妬、妬《ねた》み、恨み」というような感情を上手く操られての画策だとは疑う余地がないように私には思えます。

貴男が体現された「良き日本人」、世界に通用するサラブレッド性の信条等どれひとつとっても、存在そのものが「国益」に適った首相はかつてありませんでしたから、それらが彼ら政治屋にはどうにもならなくて我慢ならないのでしょうねえ――。

先日行なわれた中国と日本の外首会談後の記者会見上での中国外首の尖閣を巡る発言を予想だにしなかったというのは、日本のインテリジェンス、官僚、政治家の感性がいかに不足しているかを露呈し、しかも頭の良い（茂木）外首がその頭の良い人の（多々みられる）弱点を見抜かれていての会見だったように私には思えます。そのようなものを超えた時点にあると（相手に）思わせることのできる貴男だったら、あのような事態は起こりえなかっただろうと推察するのです――。このようなことは政治屋は口にしたくもない！でしょうね。国家の損失とはなんぞや！　ですよ!!

大卒入社での三十歳前後の年収は大会社で一千万円前後、中小企業では七百万円くらい、小さな会社では五百万円弱（いずれも景気がそう悪くはない時で）。

仕方がないとはいえ、現代の社会構造に於ける収入格差が眼にみえてわかってしまい、それらに起因した閉塞感を抱いている時代だからこそ「どんだけ努力したか」の人々を認め、重用しますよという派手めのジェスチャーが必要でしょうね。菅総理をはじめ現在の検事総長もこの列に加わる人なのでしょう。麻生副総理がそれをしてくれたら受けること間違いなし――なあんて。

憲法、公務員、医療、福祉等々の改革を軌道に乗せるには自由主義の大きな武器、数の原理でゆくしかないのでしょうか。その際、草刈場を呈するのはどの派閥だろう？「国会での虚偽答弁が百十八件に及び、秘書の切り捨てという従来の手法で落着とは如何なものか！」ですって——率直に言えば百十八回もの間、彼らは無駄金を使ったのだ。他にすべきことがいっぱいあったにもかかわらず公を盾にして寄ってたかってイジメを繰り返したのだ。与党の中の社会主義公明党においてしかり、野党に対し己の進退を賭して物申す与党人もいなければ、反論を「2」だけ載せ、「8」をイジメで通したメディアが多い今の日本で、いったいにして誰が総理をやりたいかね？　よほどの信念がなければバカバカしくてやっていられませんよ。日本人の為に戦ってくれる人を助けなければな。——これは二十六日夜の私達の会話です。

いつの時代でも希望はあります。

はやぶさ2が小惑星「リュウグウ」から無事に帰還し持ち帰った物資は、中国の嫦娥5号のそれと共通するものが見つかるのか注目される、との報道がありました。

少くとも中国、日本の研究者が同じ夢をみています。

くれぐれもご自覚くださされますよう。

（令和二年十二月二十八日）

佇まいと生き方

令和三年一月二十六日（火）朝日新聞朝刊五面。

国会の国政調査権機能せず、の見出しでの論評紙上に少数派に配慮した憲法規定がある外国の事例としてドイツ（四十四条）、フランス（五十一条の一）が掲載されています（日本は憲法六十二条）が、だからこそ現在の日本国憲法の全体を見直す必要があるのでは？とは結んでいません。

少数派の野党でも使える実効性のある国勢調査権なればこその正当性を基盤にした戦略性が野党にも問われるのでは？　とも結んでいません。大局観がなさすぎですものね。この程度で新聞がイデオロギーを創れるだろうか？

麻生総理が国民への現金一律再給付案に対してにべもない返答をした、二階幹事長が（いちいち）いちゃもんをつけるなと怒った、菅総理の国会での答弁は短かすぎる等々その発言に到るまでのプロセスや検証なくしてピンポイント式に垂れ流す傾向はますます酷くなるばかりですが、先日の次の総理は誰が良いと思われますか？　というリサーチに若者世代のトップ2は吉村知事、小池都知事だったそうです。この二人は国会議員ではないから総理にはなれないし必要とする派閥も持っていないという一般的な常識も知らない若者が多いのか、それとも全くのジョークなのかしらと叔母さん達に言ったところ（あら、国会議員じゃないもの本当だわ、でも百合子ちゃん一生懸命やってるじゃない、あの様子をみてれば総理になってえって思う人も多いんじゃないの）との由。

これがおじさん達ともなると、それにはさすがの小沢さん、石破さんもア然だろうね。政治のアルト性も理解できていない世代だから仕方ないかと考えてはみても、吉村さんはまあ別として小池さんはないだろう。

（もしかしてメルケルさんにダブらせているのかもな）

そうだとしたらとんだ笑い者だろうが、格が違いすぎるくらいは見てもわかるはずだろう。

（小池さん自身が一番わかっていないのかもな）

それは言える。いずれにしてもああいうタイプの人間に権威を持たせるとどうなるか？豊州の問題だけを取り上げてもわかるはずだけどなあ。

（どこが、どうして、どうなったかの精査、検証がキチンとなされていないから一般人にはわかりにくいかもな）

小池さんに振り廻されて、わけがわからなくなって、結局チャンチャンでお終い。ツケを払わせられているのが都民ですよ。

（百合子バッタ、金喰いバッタ、人喰いバッタ、ベータカロチンの錠剤みたいな眼をしてさ）

何だよそれ――でした。

領土の拡大だけが関心事でその領土の活用までは考えないというのであれば、外交は最終的譲歩を決めたうえで（交渉に）当たれば良いのでしょうが、中国は領土活用も中国への同化を命題とする政策を採るというのが現在進行の様子。領土拡大路線に住む人々自身が領土を拡張するくらい指導者の能力を示す指標もないと信じていれば、それをやり遂げた指導者を強力に支持するようになりますから、この種の国のリーダーが領土を放棄することはほとんどあり得ません。放棄した途端に国民の彼への支持が落ちるのは確実なのですから。とすれば、今の中国相手では名を捨てて実を取る方式は良策とはいえません――ね。

自由で開かれたインド・太平洋の構築は正しいと私は考えます。日本は陸を道とする採り方ではなく海を陸とする採り方ならば、お金はかかってもまだ望みがあると思えるからです。

貴男は佇まいの美しい人ですが、貴男のお父上も佇まいの美しい人でした。佇まいが美しいとは、生き方が美しいことにつながるといわれます。

植物の根の周りに水をやさしく差すと、水がキラキラと光りながら土に入ってゆくのがわかります。このようなひとときが己の内の何かを救ってくれますね。

（令和三年一月二十八日）

ゆき過ぎた「自由」

カシミール湖岸での中印撤退が、東西三千㎞以上の中印国境の画定に結びつけられるとは思えませんが、インド（ヒンズー教とカースト制度）を同化させるのは困難を超えて無理では？　とは歴史の証明があるということで、反対に（中国の盾としての）友好を構築する政策に中国は向かうのでしょう――か。とすれば、何を以て、インドを自由で開かれた国にするのだろうなどと考えていましたら、森元首相の差別発言、菅総理のご長男云々の問題です。野党にメディアが乗り、官僚の、議員の、はたまた国会の、国家の、とまでは考えたくはありませんが、貴男が日本の盾になってくれていたから、これらの諸問題が対外的に露わにならずに済んでいたという部分が相当にあることを自覚し認識するという行為が、知識階級（政治学者、著名なジャーナリスト等）にさえ未だ進化がみえません。認めるべきことは認めるという姿勢ひとつにしても、日本は、世界の潮流に遅れをとっている、後進国となりつつあるというのは本当だなと納得――です。

政治は生きものですから自壊は止められないにしても、公器としての役割を決壊させるべきではない――でしょうに、これも自由、あれも自由、何でも自由という現状のこのゆき過ぎた「自由」は何に収斂されるのでしょうか？

余談ですが、放送事業に関しての盗聴問題、これを誰が、何処が、仕掛けたのかについての井戸端会議でのトップは文春ではなしにＮＨＫでした。

今は普通にＮＨＫだけど、つい半年前までは「ニュースウオッチ９」（あれは酷かった）にしても、政権批判が公共放送の域を逸脱していたせいで、菅官房長官に怒られたことに端を発してのＮＨＫの様々な部分が暴かれてしまった。

その腹いせだろうよ――でした。

飲食店への午後八時以降の営業短縮要請として一律一日六万円支給とは、与党への国民の信頼を傷つけた愚策として選挙に投影されるのでは？　と危惧しております。

「国民の、国会、国会議員に対して抱いている常日頃の拙速感がますます酷くなって糾弾されることを恐れた政府のやりそうなことですよ。だからといって野党に肩入れするのではないけれど（イジメて喜んでいる野党など最低のキワミだね）、もう（議員さん達は）どうしようもないね」と巷では噂しております。雇用調整金を貰うので休んでくださいと会社から言われた。週のうち出勤は二、三日で良い、どうしてもの場合はタイムカードを押さないこと等々耳にしますが、緊急制度が正しく運用されるに必要な、非常時の際の様々を想定しての仮定マニュアル作りが喫緊の課題だろうと私は考えます。

アメリカと仲が悪い国って身勝手な人達の多い国らしい――。

（身勝手ってどういうこと？）

根本的に楽して得をしようという性《しょう》が強くて大きいんだよ。

（大方の人がそうなんじゃない？）

律する力の強い人の割合が少ないということだよ。不法滞在者の収容施設で働いている友達が言っていたんだ。まずイラン人、次いでベトナム、韓国、中国人には身勝手な人が多くて仕方ないって。ベトナム人は意外だなと思ったから、従順そうに見えるけど違うのって聞いたわけ、そうしたら、何によらず、まず得か損かを計る人種のような気がするのだそうだ。

（ポリシー無さすぎということ？）

性《しょう》の問題だから解決できないでしょう。解決しないというのがアメリカ人は嫌いなんだと自分は思うわけよ――。

私と知人との会話ですが意外と本質を突いているかもと思いました。

（令和三年二月二十八日）

品位ある外交

三月十八、十九日のアラスカ州アンカレジでの米中外交トップ会談での中国側の態度は、品位ある外交とはほど遠いものでした。

二十一日夜の井戸端話です

「安倍さんどうしているんだろう、なつかしいなあ。安倍さんだったら、さすが日本のノーブレスといわれる品位ある外交ができただろうに」

そうね、安倍さんは外国が認めた日本の顔でした。外国の首脳に対し恥じることのない人を持てたことは私達国民にとっての財産でもあったんだけど。

中国人には根が貧しい人達が多いんじゃないのかしら？　仏教が流行ったのはそのせいかも。根が貧しいことは礼節へもつながるでしょう？　衣、食、住足りて礼節を知るっていうけれど礼節とは教育か、宗教か、それぞれの集合体に於ける社会構造の掟か。う〜ん、わからない。

「礼節とは人間本来が持っている良心が基本なのじゃない？」

（良心なんてあってなきが如しだとわかってて外交はするもんだろう。良心に基づいた礼節など、なきに等しいんじゃないか？　ちなみに中国の千人計画が良い例ですよ。日本人研究者四十四人が関与、中国軍に近い大学に所属する研究者もいたと読売新聞に載っていたけど、日本人のくせにとは言わない、が、世界の主要国に住むある程度（人数）の人達にリサーチをした結果、六割近くかそれ以上（の人達）が中国を自分勝手な国として認識しているとの記事が出ているくらいなのに――ですよ）

中国軍に近い大学といえば、今年の防衛大学校、本科卒業生のうち自衛官にならない任官拒否者は二十八人との報道に、毎年のことですけどまたも怒りを覚えましたね。

「どうしたの」

日本の自衛隊幹部候補生として彼（彼女）らは、授業料免除、衣食住は国費で、さらに学生手当として月額約十一万円の支給を受けているわけです。

（小遣いも支給されるとは知ってたけど、そんなになんだ）

その事実を知っていない人達が多いからそうは問題とはならないのが問題なんです。国税が使われている以上、広く優秀な人間を募るのは国益に叶うとしてまずは公募内容等を簡略化し国民にわかりやすく訴えるという（可視化）手段を講じるべきでしょう。

（そんな手段で任官拒否をしなくなるかなあ？）

「本当は国家公務員なんだよね」

防衛大卒は頭も悪くない、規律も理解しているなどとて優遇してくれる民間に入社すれば給料も良いし、任官拒否者として名前が詳らかになる訳ではないしね、等の声を実際耳にしたことのある者にしてみれば、善良な日本国民に対して何たる侮辱と思うのは当然でしょう。

（任官拒否者二十八人は入学から卒業まで全部タダでした、おまけに小遣いまでも支給していました、というわけだ。国益に反したとして厳則に処す――とは現状の日本ではならないな）

「授業料、学生手当だけでも返還させるべきですよ」

ゆき過ぎた自由を早くに何とかしなければ、この国はもちません（ようやく平成二十六年から授業料返還が決まったのですが）。

中国が建造を進める四隻目の空母について原子力を動力とする案が浮上していると香港英字紙「サウスチャイナ・モーニング・ポスト」が報じたとの記事に、中国は本気で台湾、尖閣を狙っていると思えます。共産党創立百周年行事の一環として台湾に（軍事）上陸をするのではないかとの噂は本当になるかも――ですね。

中国の海軍としての兵、軍艦等の保有力は、米国が太平洋上に派遣、配置しているそれらを完全に上廻っているとの由。中国は海に於ても計画通りに着々と事を進め、海警法を作って日本を脅かす振りをしながら米国を挑発し、豪もインドも一緒くたに搦め取ってしまおうとの魂胆ではないのかしら？　ロシアにプーチン政権があって、イランにハメネイ師が健在。分断された米国内の世論の動向にもまだまだ注視が必要であれば、米国の軍事力は分散を免れないでしょう。にもまして中国は「援助」という飴をますます巧妙に使い分けてくるでしょうから、その匙加減を狂わすに必要な陽動作戦——中国はシナリオ型と評されますが、シナリオ型は臨機応変を苦手とするそうです。ミャンマーの混乱に乗じてのこれ以上の（ミャンマーへの）中国の介入を許せば、中国軍はインド洋へと抜け、自由で開かれたインド・太平洋航路はどうなってしまうのか？　それらを逆手にとるには？

インドにとっての「日本」の必要性よりも日本にとっての「インド」のそれの方が比率は高いのでは？　と私は考えているのですが、貴男が推進されたインド・太平洋構築は日本の経済に於ても重要。

経済界もまとまって、さらなる深謀遠慮でもって対抗してくれないかしら——。

貴男が力を注いだ自由で開かれたインド・太平洋の構築は圧倒的軍事力、国力を背景にしたものではなかったのですから、ここに辿り着くまでの貴男の苦労は正しいことと思われるだけに、この構築が消えることのないよう踏ん張らなくてはならないのだとこの私でさえ思うのです。

余談ですが井戸端話の続きです。

「安倍さん、麻生さん、菅さん、二階さん、河野さん、茂木さん六人だったら最強！　世界へ乗り込んで活躍してもらいたいなあ」

（その前にマトマリませんよ）

いえ、日本という大局的な視点であれば可能でしょう。なにせ日本は軍隊という利がないだけに駒として動ける範囲も広いでしょうし、その必要性は余るほどあるはずですから、六人いれば安倍さんの推進した地球儀を俯瞰する外交がスピーディに効率よくできるでしょう。それこそがこの日本を守ることでもあるという――。

「ああそうか」

（そういう外交もあるか）

（令和三年三月二十七日）

ｉｆ貴男なら……

タタキあげという代名詞を武器とした政治家・田中角栄の生きた時代は懸命に生きても貧しさの残る時代でしたが、現代は違います。貧しさを感じない時代なのです。貧しいとは思わないのだけれど何だかなあ、お金が廻らないから貧しいのかなあ――という、そのような時代にタタキあげを表に出せば却ってその弊害に苦しむことになりかねません。人間は本質的には貧しさを嫌う者ですから貧しさをみるのは本当はイヤなのです。

菅総理がそのような認識なくして、人（日本人）の情なるものに訴えるのを是と考えているとは思いたくありませんが、自らに必要な真のブレーンとはいかなる人物か？　と考えてしまいますね。先日の日米首脳会談に於ける米国の日本に対してのもてなし方には問題ありとする説、菅総理とバイデン大統領は共に似たような道程を経てのトップなので、お互いに親近感を持てたようだとの説こもごもですが、これがもし貴男だったら（敢えてｉｆ）どうであったろうかと考えてしまいます。少くともハンバーガー昼食とはならなかったでしょう。サラブレッドに失礼ですからね。トランプ大統領でさえ相手の「格」を敬えたのですから（トランプ氏だからこそとは考えにくいですよね）。政治の舞台裏を見てきたバイデン大統領が解していないはずはなく、コロナ禍としても米国の外交辞令をどう読み解くか？　でしょう。もしもノーテンキに親近感を持ってくれたなどと本気で思っているとしたら？　そんなアホはいないか――。

　中国の発展と台湾の統一は背くことのできない時代の流れではないのかとの見方が多くなりつつある現在、しかも中国共産党の悲願である「台湾」統一の問題には、民主主義の「政教分離」が通用しないことは自明の理。台湾海峡と尖閣諸島は百七十㎞しか離れていないのですから尖閣防衛と台湾有事は密接な関係にあるわけです。「肝要なのは中国人に足場を与えないこと」との観点からいえば尖閣諸島をその地政学的特性を生かして大国間の緩衝地帯にできないかとの交渉？　もうその段階ではない！　それに尖閣は日本の領土なのだぞ！　と一蹴しても、軍隊を持たない日本が軍事大国、中国を相手に敢えて交渉に挑み、絶妙な外交センスでかわしながら、日本に有利な合意を導き出す恐れ知らずの行政手腕、交渉能力、加えて政治的に聡明、それでいて国がその人間を失っても損をしない人物がこの日本にいるのか――などと、この頃の私は考えるのです、尖閣の地政学的特性は物資の補給基地としても最適！　尖閣を抑えておくだけで計り知れない利益をもたらすとの考えは中国も同様でしょう。

中国に関して日本が知り得たことは、出来うる限りの早さと公共性をもって客観的に坦々と世界に発信し続けるという行為が日本の国益に叶う近道である。

米国、欧州、その他の国々、やがては中国人からも「信頼」が寄せられそうな気がします。日本が主権を守る為には米国、中国とのバランスを常に考えていなければならないのは当然としても、経済上に於てのバランスが政治によって崩れた場合、経済の失速は何をどう変えてしまうのかとのシミュレーションの可視化を、それぞれの部署、機関、団体等に促すべきでしょう（国民の安心は眼に見えるということにあります）。にもまして、バランス感覚に秀れた人材育成を根本に据えるべきです。

今や、サイバー上の脅威に対抗する為の技術を持つ企業を多く持ち得る国が主導権を握るとさえいわれています。日本もこういった方面での会社（人材）の育成にもっと強く力を注げば、スーパーコンピューター富岳以上のインパクトを世界に与えられるかもしれません。イスラエルにはサイバー諜報部門のトップ集団「８２００部隊」があり、諜報は克服不可能な困難を乗り越える技能であるとのこと。盗ったり盗られたりの世界では日本人は「?」かもしれませんが技能ともなれば戦えるかと私は思います。

イスラエルとＵＡＥが国交を樹立して（僅か）半年だが、ＵＡＥを中継点としてのイスラエル企業の進出が目立つのは、ＵＡＥ国内で生産することでメイドインＵＡＥの商品として近隣のイスラム圏への輸出が可能になる（イスラム圏ではイスラエルが相手だと直接取引してくれない国が多いという現状による）という記事を読んで最近耳にした話を思い出しました。

日本橋馬喰町界隈の土地を（中国人が）買い取ってはシェアハウス等に建て替えているのが最近はさらに加速しているのだそうです。

なんともお願いばかりで申し訳ない気持ちでいっぱいなのですが、この国を率いるに必要な人は？　と考えるとやはり貴男が頭に浮かぶものですから――勝手ですみません。

（令和三年四月二十三日）

追伸

貴男が会合の席での一連の会話のなかで〝朝日新聞はまだ捏造をやっているようだ〟と話したとスマホで流れたのが効いたのか？

四月二十四日の「天声人語」。

前首相の安倍晋三氏は不明を恥じていることだろう云々という文章を読んで、スマホ

（スマホでのその場面）を見ていない読者はどう思うか？　反対に、スマホでのその場面を見た読者はどう感じるか？　などを考慮して載せたわりには詰めが甘く識見の浅さを露呈しましたね、朝日さん！　です。

（令和三年四月二十四日）

「格」とは生命です

「一億五千万は総裁と私」

　半導体議連での安倍、麻生、甘利氏の揃い踏みや、月刊誌（ハナダ）のインタビューに答えて安倍さんが次期総裁候補として茂木、加藤、下村、岸田氏を挙げたことなどで、焦っている二階氏が小池都知事と組んでも、もう無理「陣地は崩れました。二階派を残す手立ては加藤氏ですよ」と安倍さん言ったね！　と政治に関心を持つ人達の多くがそう読んだのではないかしら——。

「イギリスの最新鋭空母、クイーン・エリザベスがインド太平洋地域に向けて二十二日出航した。出航前にエリザベス女王が訪れ船員らと言葉を交わしたとの日経の記事を読んで、これだよ、これと思ったね」

（これだよ、これって？）

「船員、エリザベス女王という言葉使いが自由に強く在った大英帝国を思い出させたからさ。日経は良識あるプロパガンダができそう——。それに反して、コロナワクチンの件での朝日の不正アクセスに対して岸防衛大臣が言及、次いで安倍さんの指摘を受けての朝日、毎日の対応は不見識なプロパガンダがそのもので呆れたね」

ワクチン接種を歯科医師にも認めるのを嫌った既得権益の象徴のような存在の医師会には、歯医者は医者ではないから表舞台には立てないと思っている人が多いらしい。一般的にはまだまだ医師会の功罪は知られていないけれど、今度のワクチン接種を請け負う医師への報酬引き上げの額が国民に知らされたせいで、医は金、税金たかりの要素が濃いとの構図を図らずも浮かび上がらせた菅首相に拍手、喝采。

これが糺す政治です。

(数字で示されれば確かに納得するよ、えぇーってさ)

「だからデジタル化が必要なんだ」

(オレなんか反対に混乱するんじゃないかなって考えていたけどなあ――)

デジタル化は物理的な制約に縛られず、距離や時間、多くのハンディも乗り越えられる。上手く使いこなすことでデジタル空間は豊かな創造の場となると書かれてあって、果たして人類の進化か退化の始まりか？　とも書いてあったけれど、ほんとのところはどうなんだろう――。

「そこまで考えちゃあ、終《お》めえよ」

いつもの私達です。

対内的にはジェノサイドを実施し、対外的には覇権主義的行動を続けている中国に対して、世界の主要国が非難（決議）しているものを日本の国会は何をしているかといえば、公明党が非難決議に頑なに反対しているのです――という。この公明党の態度を公明党自身の理念と乖離しているのではないですかと、その体質の矛盾を問うという行為をしない、できない現状のこの日本に於ての「政教分離」とは何ぞや？　とは世間一般に通じている憂いなのです。

ベラルーシ当局が民間機を引き戻して（自国の）空港に強制着陸させたのが爆弾騒ぎではなく反政権派のジャーナリストを拘束する為だったとの疑いが強い。それを受けて各国が「ハイジャック」や「テロ行為」と非難したとの報道に、これはいよいよもって日本も、米国のＣＩＡ、ロシアのＳＶＲ、イスラエルの Mossad とはいかないまでも、正確で客観的で広範な情報を基とする対外的特殊組織を創らなくては駄目かもと思いました。

勿論、憲法――が問題！

米国の国務長官ブリンケン氏の動きは米国の意志であるとのメッセージに対し、世界（当事国）はそれらをどのように受け止めているかを計ることとの必要性に一番重きを置いているのは他ならぬ米国でしょう。国の重要人物が動く際には必ず随行員を伴いますが筆頭随行員の任務は、相手側と交渉する大臣、大使の背後に控えていて、両者の話を聴きながら相手側を観察する。相手に関する情報は事前にすべてを知っていたとしても実際に自分の眼で見ることで得られる情報は別もの。何を言ったか、だけでは充分でなく、どういう言い方でそれを言ったか、も加えることで初めて、真に役立つ情報となるのですから、観察、認識力に秀で洞察に富んだ随行員が米国をはじめとする国々には沢山いるはずです。日本は？　質、量ともに少ないのではと思えます。まずはこのような課題の充実を――。

台湾有事の際、米国は日本に何を要求するのか。おそらく米国は攻撃の際の拠点として在日本軍基地の使用を要請するでしょうが、六十年の日本安保条約改定時に結ばれた（岸信介首相とクリスチャン・ハーター国務長官）条約では、米国と日本は、米軍が日本国内の施設、区域を戦闘作戦行動の拠点として使用する場合は、日本との事前協議の対象とすることで合意したとされていますが、日本が攻撃を受けようが、受けまいが、米国は台湾周辺での戦闘において日本に武力行使を用いた支援を求めてくるでしょう。それらに対処する日本の政治決断が米国のスピードに対処するべく複数のシナリオを検討しておかなければならない現実を、現実として発信できる「格」を有した政治家は安倍、麻生氏をおいて他にありません。二人の祖父が岸信介、吉田茂という大政治家、この両人は不断の努力により培われた英明さを拠り所として、とりわけ強固たる米国を相手に戦ったのです。その事実が世界に通用する「格」を作ったのであって、首相を始めとする国の要職に多く在った家柄というばかりではないとの認識がなければ、世界との「ズレ」を生じかねません。結果、当の日本が安倍、麻生氏の活かし方を間違ってしまうのではと私は危惧するのです。

誰かが決めなければならないのなら、お二人はその義務を負います。義務を負える「格」を有しているからです。

格とは生命ですから。

安倍さん元気になったらしい。安倍さんが元気になってくれて嬉しいねえ——という声をよく耳にするようになりました。

（令和三年五月三十日）

国益に適う行動

「六月初めに開かれたG7財務相会合での写真にみる麻生大臣は格があって堂々としていて嬉しかったなあ」

（ああ、国際的に法人税最低税率を少くとも十五％にしようってやつだったよね）

十五％という最低税率について最終合意が成立すれば法人税率の引き下げ競争に下限を設けて、国際課税のあり方が様変りするでしょうね。多国籍企業の課税逃れに対抗して税制優遇措置などを修正、廃止をしても企業の収益が増える一方で、法人税収が増えていないのが現状だそうで、米国などは米国多国籍企業の海外収益に対し定められた最低税率の引き上げを政府が提案しているそうです。日本はトヨタかな。

（マクドナルドが大幅黒字になっても日本はそうは潤わないってことだよね）

「だからこないだの製薬会社四社が一緒になったみたいに、同じような業態の会社が集まってスケールを大きくしなければ日本はもう立ち行かないって！　一国一城の主《あるじ》的発想は通用しないし遅れているって！　リーマンショック後の早い時期にはわかっていたはずだろうになあ」

（経産省や財務省が音頭をとってたはずだよね。一国一城の主になってもそれほどリコウじゃないってことですよ。乗っとられる、飲み込まれてしまうんじゃないかっていう心配が先なんだから）

まずは日本人の貯め込んでいる預金（タンス）を市場に流通させるに有効な手立を財務省主体で考えていただく、クラウドファンディング等の手法で集めたお金で国有地を整備する、勿論それに伴うインフラも必須。まあトヨタが富士の裾野に作ろうとしている町構想に似ているようですが、そうではなくてそれぞれの地の利を最大限に活用することを大前提としてローマ帝国方式、いわゆる点と線で結ぶというような――。私の頭にはこれくらいのことしか浮かばなくてすみません。でも、麻生大臣という人がいなければ、私はこのようなことを考えもしなかったでしょうね。

「そうだな、あの人はコンドルの眼をしている」

（気の毒になっちゃうなあ、大変なことだよ）

この資源の乏しい老人大国が世界の中枢の一角として生き続けられるに必要なことはと考えていなければならないのですから本当に大変ですよね。いつもの私達です。

「平和憲法が続いて実際平和だったのに、どうしてその憲法を改正しなければならないのか」と言った若者の言葉に、これはゆとり教育の結果の一部なのではと考えたこともあったのですが、世界のキリスト教、イスラム教、ヒンズー教、仏教などは時代の変遷に関わりなく信教としてあるものですよね。「平和」憲法もそんなふうに位置づけしているのであれば、やんぬるかな、憲法とはなんぞやとなってしまいます。憲法の宗教化――まさかね、憲法は一神教ではない――憲法改正は早めるべきです、若者が骨抜きにならないうちに――そうは言ってもこの私の危機感など、何にもならないのでしょう。

今年に入りロシア系とされるハッカー集団（ダークサイド）が米石油パイプラインや東芝小会社の欧州拠点にサイバー攻撃を仕掛けたなど、ランサムウェアのネットワークや活動家を抱える国が彼らに責任を負わせていない現状では、日本に於てもその対策の迅速化が鍵となるのでしょうが（先般日本はその仕組をさらに具体化しましたが）、彼らは自由で開かれたインド・太平洋参加国も狙ってくるでしょう。当然、日本はこの方面に於ても参加国の関係強化を図ってはいるでしょうが、安倍さんが何らかの形で（個人的としても一緒に戦いましょうで語弊があるでしょうから、お互い戦いましょうとのニュアンスを）発信されたら、参加国は安心、感謝するだろうなと私は思います。貴男の動きは国益に適います。

日本人若年層の六十九％が韓国（人）は信用できない、対するに韓国人若年層の八十九％が日本（人）は信用できないとのリサーチが紙上（五月）に公表されていましたが、八十九％のその所以を考えれば韓国の教科書が根本となり、対日批判はその延長線上にあるという（何しろ小学校から日本は悪い悪いと教えられているのだから仕方がないかというう）ゆるい受け入れ方を今まで日本はしてきましたが、もう、そうもしておれません、という姿勢を先日のＧ７で菅総理が示してくれたと巷では感謝しております。朝日か毎日か他団体が何と喚こうと、もう我慢ならん、という風潮を止めるのは本当にもう無理でしょう。韓国が実効支配している竹島は日本固有の領土であるとのメッセージ、まずは日本（領土）地図を文科省主導で公共施設等に元気よく張ってみたらどうでしょう。対してイヤガラセがあった場合はそれを逆手に取れますから。とすれば米国が乗り出してくるような問題では断じてないという強い姿勢をとることも可能なのでは――。

英政府は環太平洋経済連携協定（ＴＰＰ）への参加に向け交渉を六月二十二日に開始する。英国の参加が実現すればＴＰＰ参加国の国内総生産（ＧＤＰ）が世界に占める割合は十三％から十六％に上がるとのこと。英国との交渉次第で今後ＴＰＰへの参加国が増える見通し云々との記事を読んで思うのですが、このところ、民間との連携の不手際が目立つ経産省でも、もともとがやり手集団なのですからそのプライドを柔軟にして外務省との協働作業で事に当たれば、ＴＰＰに於ける日本の影響力はより強いものになれるのでは――。

官僚予備軍が長時間労働などを嫌って霞ヶ関を離れてゆく。勿論そういう人も多いのでしょうが妙に醒めているのが今の官僚なのでは？　本当は公務員でも首を切られて当然（干されても当然）減給されても当然！　但し、成果が上がった時は認められて（認めて）当然というシステムだけは変えてくれるな、皆が皆、仕事のできるヤツばかりではないんだよ――みたいな。

梅雨時はどうぞご自愛くださいますよう。

（令和三年六月二十七日）

追伸

六月二十六日、朝日新聞朝刊。

六月初めにラグビーの日本代表が英エディンバラで、全英・アイルランド代表と初めて対戦した。10対28で敗れはしたものの、試合後半には相手チーム「ライオンズ」が反則なしでは日本を止められないほど、日本は小気味のいい攻めで相手を振り廻したことは誇っていいという記事を読んでの朝の私達の会話です。

「所詮、勝てませんがみるべきところはありました、という日本という国のいつものパターンだな」

（それじゃあ身も蓋もないよね。相手が強すぎて太刀打ちできませんでしたじゃあ夢がなさすぎて悲しくなっちゃうよ）

　逃げてては駄目だとわかってはいても、逃げにも花を贈るという日本の文化なのでしょう。ところで麻生大臣の「自分の撒いた種でしょうが」発言に批判が殺到しているそうですが、小池さんの蒔いた種に肥料をやってしまったかなと思ったりして。

「小池バッタはマスコミ、世論の扱い方は手慣れたもんです。女の敵前逃亡という話は聞いたことがないけど、ああいうタイプの女には本当の無関心が一番効くのになあ」

（どういうこと？　小池さん体調悪そうだったよ）

「そこなんだよ。自分の形勢悪しとみると演技して相手の気を引き、勝つ算段をする。その手にまんまと乗っかってしまう善男善女のひとりがあんたみたいないい人なんだな」

　人の他人への評価の基準は、評価される人自身の普段の行いが基本となるのですから、やはり小池さんは自分で蒔いた種といわれても仕方ないかと思うのは――でもそれこそ善男善女にはわからない――でしょうね。小池さんがどんな種を蒔いたのかを知らないのですから。

（令和三年六月三十日）

引かない！

今回のオリンピックは「コロナ」に振り廻されての大会になるとの想いは世界共通であったにしても、これが「東京」ではなく「他」での開催だったなら、どのような大会運営を強いた、強いられたであろうかとの議論や検討なくして、安易な批判は避けるべきとの良識をもってしても、今回の東京オリンピックの主役は日本国に於ては「天皇陛下」でしたね。多くの国民が「生」を超えてある（それが神格化といえるかどうかは別として）天皇陛下に対して「本当に頭を下げる」行為をしたと私は思いました。安倍さんの欠席は、いかなる理由があったとしても不評をかったのは事実です。

おもわず道を開けて通してしまう、眼を伏せて片足を引いてしまう等の行為を受けられる「格」をお持ちの安倍、麻生さんなのですから、コチャコチャしてほしくはありません。SNS等で百万回叩かれようともです！　世の中には人の心を自分の手のなかでころころと転がすのが何よりも面白い遊びだと考え、思う人間がいます。（タヌキの）二階幹事長や小池都知事はその部類に入るとの評が当を得ているかどうかは別として、そのように捉えられる資質があるのでしょう。このお二人は動線がコチャコチャとしてスッキリしませんものね。しかもこのお二人、それも手法のひとつだととぼけるでしょうけれど——。

相変らず日韓関係は対話路線で道を開けとメディア、有識者は言うけれど、韓国に対して、なぜこれほどまでに粘り強い外交力が日本にとって必要なのかがもう私達国民には解せないのでは？　韓国の教育の日本憎しを変えない限り無理だろう、が、それはもう究極的に無理なんだよね、「恨」の国なのだから、とは多くの国民が感じていることだと思えます。もうイヤだ、もう結構、とは思っても断絶して良いことなどひとつもないこともわかっています。高齢者に於ては戦争などもっての外なのです。じゃあどうすれば良いのかが外交なのでしょうか。外交の要は当国民の意志の掌握にあり、戦略はその延長線上にあるとの考えをすれば、韓国に実効支配されている竹島を含む海域一帯を観光（資源）化したらどうでしょう。

日本の旗を右手に左手には韓国のそれを持って振っちゃったりして——（左手は過去と現在、右手は未来を現わすそうですから）。

七月十四日、南米ペルーがＴＰＰについて賛成多数で批准法案を可決、残るはブルネイ、マレーシア、チリ。七月二十六日、旧ソ連圏三ヶ国のウクライナ、モルドバ、ジョージアがＥＵ加盟に向け連携強化を図る「バトゥミ首脳宣言」を採択したとの新聞記事を読んで――グローバル化の波は群雄割拠化し、ゆき着く先はと考えてハタと思い到りました。宇宙です。ジェフ・ベゾスという人は金はより良く生きる為のひとつの道具だと理解して、その道具をいかに上手く使いこなすかの挑戦を楽しむ性質の人間ではないかと私は思っていましたが、どうも違う様で自分を含めて（変わり者は）宇宙へ逃げてしまおう――なのかしら。

宇宙戦争に日本が勝つ為には量子の分野、量子力学での優位が鍵なのですか？

「暑いねえ。でも不思議だよな、若い時はアイスでもカキ氷でも食べられたのに、この齢になったらそういう気もおこらない、これって何だろう」

（きのう、女房に怒られましたよ、齢だって言わないの！　って。アナタより古ぼけた人達がこの暑い中、横断幕や旗を振って頑張ってます。いくら己の主義・主張の為とはいえ大したものですってね）

共産党の草の根運動は何のことはない金寄こせ運動です。街頭に立っての一ヶ月何回かの街宣は主張をペタペタと貼るに過ぎません。横断幕を持ったり旗を振ったりする人達の多くは時給で雇われているというのが現状なのです。

（えー、お金貰ってやってるの、私より古ぼけた人達が？　そんなに困ってるんだったら

共産党はどうにかしてやれば良いんですよねえ）

「もう本当に世間を知らないな。横断幕持ったり旗振ったりしているのは、齢をとっても金欲しい欲しいの浅ましいヤカラなんだよ。生活にあえいでいる人達は共産党には少ないと思うよ、共産党は本当はリッチなんだから」

（えー、お金持ちのくせに金寄こせなの）

共産党員には四十五度の角度が好きな人が多いように感じます。九十度だと直角になってしまう、百八十度だと半円でヘタをすれば丸い円へとなってしまう。どっちにも逃げられる四十五度という角度を上手く使い分けて生き延びて来たのだなあと私は思っているのですが、本当はもう化石ですよね。

「化石をミキサーで粉々にしたらせいせいするだろうな」

（やりましょう、そうしましょう）

「脱炭素って究極小型原子炉にゆきつくんじゃないのかな」

（原発って言葉を聞いただけでもうアレルギーですよ、怖い怖いで先へ進めませんって）

何だかんだと言っても一番安全なエネルギー源だとわかっている人達でさえ不安を払拭できないのなら、原発で働くロボットの高性能化と、その機能面を支えるＡＩの分散施設及びその集積化などで解決できないものなのかしら？　お前もわかっていない中の一人だと怒られそうですが——。

「みーんな、眼に見えない不安が不安を呼んで、人体に悪影響を及ぼすほどの放射能は流れていませんと数値で示されても、山火事のようにやがては消える代物とは違うから、何年、何十年後に人体に何らかの障害が出てくるんじゃないかっていう不安だよな」

（安心、安全な風力発電とかソーラーって言ってるじゃないですか。自宅屋根にソーラーを取り付けると国の援助があるなんていう話を聞いたことがあるけれど、今もそうなの？）

風力発電もソーラーもお金がかかる割には効率が良くないのです。何よりも自然相手というのは不安定さが残るでしょう。もうこうなったら、一県にひとつの小型原子炉を国が作って各県はそれを管理、運営するというのはどうかしら——。

「う〜ん」

（………）

いつもの私達です。

自衛隊員の二割にあたる五万人へ一回目のコロナウイルスのワクチン接種を終えた。うち二万人は二回目の接種も済ませたとの記事を読んで、国を守る人達に対して何たる侮辱かという思いです。そして、そのような問題提起をしない、できないと考え思い、感じている知識人、行政に係わる人達の識見を疑わざるを得ません。誰がどのように考えようとも、憲法で規制されていようがいまいが、他国からの侵略に対してまず起たなければならないのが自衛隊（員）なのですから。この有様に外国の人達はどのように日本を眺めるかとの想像力にも欠ける平和呆けした日本、中国が尖閣諸島を間近にして連日軍事訓練をしています。隊員をはじめとする人達は誰に守られる、守ってもらえるのですかとでも岸防衛大臣が話したら、皆どんな顔をして何と答えるのでしょうか。野党などは言葉に詰まった挙げ句の果て憲法改正への誘導だなどと言い出しかねません。そこにマスコミが乗る、有識者は黙るという構図に対して従来通りの「引き」をやめて、二〇二四年に戦闘機四機を購入するとしたうちの一機か二機を二〇二二年にでも入れてしまったらどうでしょう。抑止力強化を早めなければなりませんとかの理由づけで——。引かないという（荒）療治が必要だと私は考えます、麻生大臣がいつもの毅然たる態度で印を押してくださると良いのですが。

安倍、麻生さんご健在の時にしかできません。後に続く者が育つ為にも——。

（令和三年七月三十日）

そんなの常識

一般的に民主主義が機能していれば、政治はそれほど重要ではないといわれますが、民主主義の衰退とはどういうことか？　総意を結集すればより良い政治ができるとは幻想にすぎないという現実を眼を閉じて見ようとはしない野党、メディア、左翼をきどった知識階級等とあげればキリがないのですが、何にもまして、幅広い知識と教養、権力をも併せ持つ人達でさえ「総意」という呪縛に捉われるという現実をみる限り、民主主義の衰退は止むを得ないのかしらと私などは考えるのです。立憲民主党をはじめとする野党がポピュリストを増やそうとして、重箱の隅をつつくような愚かな仕事を仕事としているのはなぜか？　を考えれば、彼ら野党には「政権」を担う意志がないのでしょう。

何しろあのイラ菅総理、福島原発時の政権与党には国民は呆れ返ったのを通り越して、もう二度と（野党には）政権を握らせてはならじと身に沁みてしまったのですから政権を取りに行くなどと大仰に構えたら今度こそ、今持っているポピュリスト票さえも減ってしまうことくらいはわかっている。自分勝手な人達の思考回路に合わせていれば万年野党でいられる訳で、それこそが権利の保持には最適な方法だと――。特に共産党の戦略、戦術の経過を眺めれば、それがよくみてとれます。枝野さんをはじめとする野党首脳部の仕掛けを、冷静に見極めての戦術を冷徹に実行するということを恥としないという考え方の徹底ができるか否かがこれからの政府（国家）に求められている気がするなどと考えていたら、横浜市長戦での自民党敗北という結果です。

（投票に行ったら若い人が多いのにビックリした。投票にはだいたい午前十時過ぎ頃に行くわけ。いつもはその時間帯には若い人をそんなにはみかけないのに、今日はどうなってるんだろうと思いましたよ）と知り合いが話をしていたのが二十二日の午後二時過ぎ。SNSやツイッター等がいかに若い人達に浸透しているかをよりわかっていたのは他ならぬ「何でも反対屋」さん達でしたね。彼らが「カジノ」反対を仕掛けて自民党票を割れさせたのが敗北の大きな要因なのに、立候補者の乱立、菅総理の求心力低下、加えてコロナなどという理由（づけ）でこの選挙を総括するのであれば、それはまさしく自民党の敗退でしょう。横浜市出身、横浜育ち、自民党の元国家公安委員長が「カジノ」に反対しているのですよ、と逆手にとってガナれた野党（メディア）、沈黙せざるを得なかった自民党、彼はもう国家公安委員長ではありませんとてカジノ誘致で富む、産む、経済、雇用等のプラス効果、反対の不安要因及びその解決策等を、立憲民主党の中村喜四郎議員の突撃どぶ板戦術とは違った（真逆？）戦い方などで、冷徹に実行することを恥としないという考え方の徹底が図れなければ世界に遅れて行きそうな気がします。

アフガニスタン問題でドイツのメルケル首相はロシアのプーチン大統領に対面で素早い手を打ちました。ドイツの国益にかなうことには機を見るに敏、しかもサラリと成してしまうメルケルさんはさすがです。

（メルケルさんって確か物理学者でしたよね。学者が政治をあんなに立派にするなんて信じられない）

「メルケルさんは東ドイツ出身だけどドイツは連邦制の国家で、しかも多種多様の民族構成はヨーロッパどこでも同じ。う～ん、ドイツそのものというアイデンティティがしっかりしているのがドイツでは学者に多いのじゃあないのかなあ」

（アイデンティティ？）

「ドイツへ行った時に思ったね、どんな田舎へ行ってもドイツなんだよ、ビッとしていて無駄がない。反対にフランスはゆるやかでまとまりがない。イタリアに行ったらこれまた笑っちゃうって感じだった。あの三ヶ国見ただけで仲良くやれる訳ないって思ったものな。だからEUなんだって感心したね」

（私も行きましたけど、どの国もスケールが大きくて最初はビックリしましたねえ。でも旅の終わりのほうでは、どうでもいいじゃんそんなことみたいな感じでしたよ）

ほんとう、どうでもいいじゃん水は流れればみたいな感じを私も持ちました。そして、ヨーロッパって強いなとも思ったんです。

イギリスのチャーチル、フランスのド・ゴールは出るべくして出た、その土壌がヨーロッパにはある。反対にヒットラー、ムッソリーニもまたしかり。ヨーロッパには人間を大きく育てる土壌、歴史があるということでしょう。

（メルケルさん、確か今年の九月には引退するんでしょ）

「どうするんだろう、ヨーロッパにはメルケルさんのような力量ある政治家が必要だわな。何ってたってあのプーチンが居座っている限りはバランスを崩せないものな」

（エジソンはえらいひーと、そんなの常識ー、パッパパラリラ、ピーヒャラピーヒャラっていう歌があったでしょう、安倍さん登場ですよ！）

「何だそれ」

（プーチンは安倍さんに弱いでしょう）

「どうして？　択捉国後四島返還、二島返還の話でさえ反故、無かったことにすると平気で言える人間だよ。二度と柔道着を着るなバカヤロー」

（そんなこと言っちゃって、聞こえないからいいけど）

「聞こえたっていいんだよ、早口でまくし立てりゃあわかりゃしないさ、嘘をつくならロシアの衣を着ていろバカヤロー、柔道着を着るんじゃない！　六十kg級のくせして無差別級になりたがる」

（荒れちゃってますよ）

ロシアという衣が無差別級だからでしょう。ただし何をやっても言っても「嘘つき国家」というレッテルは貼がれない。嘘もやがては時が解決してくれる。つまり、人の噂も七十五日なのだからと彼らは割り切っているのでしょうね。勿論一部の人達に限ってでしょうが――。プーチンさんは安倍さんに弱いのではなくて、安倍さんのあの穏やかな風格のある佇いにはかなわないと認識しているから何かしようとして、コウモリのようになってしまうのではないかしら。

「コウモリ?」

（コウモリ?）

安倍さん、プーチンさん二人並んで立っている写真を何げなくサッと見た時、プーチンさんをコウモリのようだと思いません？

「誰か言ってやればいいんだよ、コウモリが柔道着を着るなんてシャレにもならないって」

（シャレで柔道着は着れないんじゃない？　神聖な衣だもの）

バイデン政権は当面ロシアよりも中国との関係に焦点を当てていますから、中国とロシアの二正面とは戦わない戦略をとりあえずは選択していますが、アフガニスタンでどうなるかが問題です。日本も無傷では済まなくなりそうな流れの気配を感じるのですが、血を流さないで闘う外交という戦争が今の日本で誰ができるかといえば、やはり安倍さんでしょうね。

「麻生さんは？」

（そうです、あの人は戦時の人ですよ）

「確かに吉田茂の孫らしい雰囲気は持ってるよね。あの失言癖とふてくされさえ無ければなあ～そうしたら強面だけど好まれると思うけど」

（それなんです。半径五ｍの男って言われてて、近づけば近づくほど麻生さんを好きになるそうです）

「半径五ｍ、直径十ｍ内の人間に好かれてもなあ、外交は世界が相手だもの。麻生派って確か五十三〜四名だったよね。麻生さん大好きが五十三〜四名、その中の河野さんがこれまたおかしなこと言っちゃったりするしなあ」

米国、ヨーロッパの首脳は麻生さんを認めているような気が私にはします。血統からくる生まれ、育ち、格が、正直という形で表れているという評価。つまり、まっすぐな貴族という捉え方です。政治の世界での正直さは果たして如何なものかというを超えて在る麻生さんという訳でしょう。格と良質な凄みを持ったチャーチルに似た風情の麻生さんにゴーストライターがついて「言葉」を語らせたら、アジアの「チャーチル」と評されていたかもしれないのにと私は口惜しく思っていたのですが——。

（喧嘩太郎、見参！）

「ハッハハハハ、何だいその振りは」

（刀を降ろすところです）

「喧嘩太郎と言えば、安倍さんも麻生さんもキングメーカー気取りだって週刊誌の見出しに書いてあった」

（馬鹿げたことを週刊誌って書くんですねえ。あのお二人は気取らなくたってキングですよ）

「あんたはエライ！　人をキチンと認められる。時々おかしくなるけどそれもご愛嬌だわな」

（私のことホメてるの～）

「よくわかりました、正解でーす」

人をキチンと認められるといえば、他人に負けるのを異常に嫌う人ほど他人を認めようとはしませんね。キャパシティの狭さの結果として権力を握った人の次なる目標は格を身につけるということ、これができない。なぜできないのか、他人を認められないからです。認めると許すとの違いがわかっていないのです。

（私のつれあいは私をなかなか許しません。今度ケンカした時には言ってやろう、だから格がつかないいんだって！）

「あなたよりはマシですって言い返されるのがオチだから止めとけって」

八月二十日（金）朝日新聞朝刊四面。コロナ対応、五輪強行大戦時と重なる政府と題して長谷部恭男、杉田敦、加藤陽子三氏の弁を読んで、八月二十四日（火）ＢＳフジのプライムニュース二十時～、自民党総裁選どうなる〝菅おろし〟という番組での御厨貴氏の弁の中で入閣（閣僚）に名前が挙がっても四人の敵が出来る云々という言葉を聞いて、それがどうした、味方があれば敵があるのは当然でしょうがという想い。御厨、加藤氏をはじめ（として）メディアに顔をさらしての（安倍）批判を続けるその真の根拠が、韓国人にある「恨」と同質のものであろうことくらいはあなた達を観察していればわかるのですよ、とでも言ったら彼らはどう出るか？　口角泡を飛ばして「名誉毀損で訴える」とでも喚いてくれれば「やったあ」、法廷闘争するまでもなく撃沈できて「せいせいした——」となるのだけれど——などと考えていましたら余りにも虚しい気分になって私が撃沈——。

国際シンクタンクの経済平和研究所（ＩＥＰ）が算出した将来、政情不安に陥る可能性が高い国はアジアに集中している。強権や行政腐敗が火種となってイスラム保守勢力が国民の不満の受け皿として台頭する、日本との経済的な結びつきが強い東南アジア、南アジアでは八ヶ国が名を連ねるとの記事を眼にして、クアッド（ＱＵＡＤ：日米豪印戦略対話）がさらなる重みを増すというより何もかも急がなければ経済も駄目になってしまうのではと不安です。

米国がアフガニスタンからの撤退を巡り「自国を守る意志がなければ米軍が駐留しても意味がない」とのバイデン大統領の言葉に思わず震えがでました。これが米国の本音でしょう。「天は自らを助くる者を助く」米国はキリスト教の国なのに、それすら頭から離してしまっていた自分に腹が立ちます。

暑いのは寒いより身に応えます。ご自愛くだされますよう——。

（令和三年八月二十八日）

世界を歩き見る力

「安倍さん頑張ったな」

（えっ安倍さんじゃなくて高市さんでしょ？）

「今回の役者は安倍さんだよ、見事な舞台廻しとしかたとえようがないね」

麻生さんも本当に見事に演じきりました。安倍、麻生、この二人が主役という構造が日本という舞台に出来上がった感がします。舞台の袖で出番を待つ者達を小者とした以上、お小姓とはしないで役者を育てあげる責任も負ったと私は思うのです。その難しさの方が本番かもしれません。

「高市さんじゃ限界があるんだよなあ」

（ハッキリしていてわかりやすかったですよ、高市さんは）

「そこが問題なんだよ、何ていうかこう、悪く言えば深みがない。頭の良い人の先を歩いていないっていうかさ、うまく言えないけど」

（私は好きですねえ、率直で飾り気がなくてそれで頭が良い）

その時代の国民の目線（願望）に合った時にこそ言葉はうまれるのかもしれません。カエサルの「賽は投げられた〜」、チャーチルの「我々は空で戦い、海で戦い〜」、サッチャーの「大英帝国の旗の下、祖国に救援を求める国民が一人でもいる限り〜」等の言葉が時代を動かしたのです。リベラルに慣れ過ぎた私達日本国民に対峙しての言葉が今回の総裁選には欠けていたように思えます。いずれの候補者も己を語れませんでした。政治はポピュリズムではない——と言っただけで良いのです。叩くにも叩きようのない言葉は、吐くという行為を伴わなければ対手には〝真〟とは伝わらないようだというような、人間観察のディテールの必要性を認識できているか——そういった姿勢にこそ政治家の己が表われるのではないでしょうか？

各国間の格差、その国の国内における格差がなぜこれほどまで執拗に問題視されるのか？　人間が本来持っている競争意識のなれの果てだなどとハスに構えている私にしてみれば格差対策のひとつとして米国がキャピタルゲイン税率を最高三十九・六％にほぼ倍増させ中間層を救済するとか、日本の一律十万円現金支給など（この方法は市井ではとんでもバカ法と言われています）最低生活者には、現金よりも職、住居が欲しいのだというも——まだ人間性を失っていない人が多く在るのに、なるべく使わないで貯金に廻そうとする中間層の割合の多さを政府はわかっていないという訳です。

メルケル首相引退後のＥＵ各国の格差是正等、諸問題の解決へと道筋をつけるに力を持つ国はどこ？　と言われるも、ＥＵが中・露などの強権国家の干渉を容易にされなかったのはドイツが欧州の重しであったという重要性。そのドイツが大きく在れたのは政治的資質に優れたメルケル首相が率いたことが大きいと評されていますが、国を守るとはどういうことかを考えさせられます。日本という国は力を持った国々に認められてある訳で、力があるということの根本は経済力があることであり、それに依る防衛力、人間力等に於ても優れていると認識される国であることだと考えるのですが、この人間力が問題！　それぞれの価値観は宗教に依るところが大きいから違って当然だと考えれば、じゃあ、その宗教を超えてあるものは何だ？　にゆきつく。それが日本では「天皇」なのじゃないのかしら。在ることでの畏怖と安寧、歴史に消されることのなかった歴史を持つ家系、消えない「格」を持っておられたのだと私は思っていますが、種々、諸々詰めて考えれば天皇制はやはり男系のほうが続けられるのでは？

かつて私は、安倍、麻生さんは「格」を有しているのだから義務を負うと申し上げました。現代の日本人にとって必要なことは何事であれまずは認めるということでしょう。「否定」から入るのは得策ではないのだと認識することです。特に役所と役人の世界に於てはこの事の重要性の認識が為されている者を登用する、できる態勢が国として整えられていること、まさにこの一事が国を決するのだとは世界の歴史が教えてくれています。

安倍、麻生さんならその道筋をつけられます。自由な競争を促す規制緩和を進めなければならないとはしても、まず「弱者」「強者」という表現に代表される意識の変革が必要でしょう。その近道は、大企業に於ける「職能化」の進化行程を中小企業経営者にリアルに映像化してみせる、そのことが自分達も生きられるのだと（中・小経営者が）自覚する、できるようになる端緒となるのでは（勿論、方法はいくらもある）と考えます。地銀の合併は経営者（特に中・小）にとっては、己の意識を変えなければ生き残れない事態に遭遇したような衝撃だったでしょう。まずは、金融機関等の合併、統合をさらに進めることで、多方面での相乗効果を産むことの方が大きいに違いないと私は考えていたのですが、麻生さんが財務大臣を退かれたのが残念です。新財務大臣の大局観に期待ですね。

強権国家といわれる国々について思うのですが（韓国も同じ）、侮辱を受けたと感じるとすぐに敵対勢力とみなして過剰反応、反撃してしまう「もろさ」。主権を侵害した者への報復の意味合いもあるのでしょうが「偏執的」。この「もろさ」と「偏執的」を策略、誘導して潰す方法は国家公安対策にも通じるものであろうことはわかるのですが、今や攻防は宇宙へと拡がっていて、中国がロボットアームで他の人工衛星を捕獲する「キラー衛星」に加え、対衛星ミサイルや全地球測位システム（GPS）妨害装置を開発している。外交、経済、情報、国家安全保障のどの分野においても宇宙が土台、米軍では敵の位置把握やミサイルの捕捉、部隊間の通信などで人工衛星が大きな役割を果たしているなどの情報に接するにつれ、日本の宇宙戦略はどうなっているのだろう、対岸の火事などと言ってはいられないのではと不安です。ですが、データを正確で信頼できるとしても「何を重視し、何が重要かを誰が決めるのか」、これは科学ではなく政治の仕事。デジタル化と監視は個人のプライバシーを脅かし、前例なき強権体制に道を開くは中・露でわかります。人々の為になる監視とディストピア（暗黒郷）の間の最適な均衡点を見いだすのは技術者ではなく政治家の仕事だとされる以上、相手国が変わったらこちらも変わらざるを得ない。これまで通りの外交ではなく外政へと転換させざるを得ない――を能く知るは世界を歩き見る力を蓄えている安倍さんでしょう。

十月一日（金）朝日新聞四面。学術会議六人任命拒否一年、会長―新首相に「解決を」。相も変わらず、六人の任命を改めて認めるということらしいですが、菅首相の「総合的、俯瞰的に判断した、既得権益、前例主義を打破したい」との説明を明確ではないといった い誰が言ったのか？　当の六人を含む既得権益者と、朝日をはじめとするメディアのあおりを面白可笑しく乗った振りをしている国民が意外にも多いという現実を識《し》りながら、繰り返し繰り返しプロパガンダすることに依っての真実性を狙っている様こそコッケイでしょうとて、こういった手法には断固として対峙し（本来は早々にその芽を摘むが得策とは歴史の要諦、でも現憲法では無理があることは少なからずの国民が理解しているのです）、政府として、学術会議とはどのような（意味あいを持つ）組織でその運営方法、それに依る効能、効率、給与体系などをつまびらかに国民に提示したらいかがでしょう。「解決」を望んでいるのは学術会議としての組織なのですから——。

（任命拒否された人の中にあの政治評論家Mさんも入っているの？）

「入っていないよーな。どうして？」

（私はあの人がちょっと……オランウータンがしゃべっている感じがして）

「ハァッハッハハ、ハハハハハハ、それいい、オランウータン」

ご当人がそれを聞いたら顔もお尻も真赤《まっか》赤《っか》にして怒るでしょうね。そうなったらしがない猿に降格です、オランウータンじゃいられない——。

（ゴルゴ13が亡くなっちゃった。麻生さん、帽子被るかしら――）

「えっあんたのその発想どこからくるの？　ゴルゴ13の作者さいとうたかおが亡くなったんだろう」

（そう、あの眉の太い13ですよ）

「それと麻生さんの帽子とどう関係があるんだ？」

（わからない人ですねえ。ゴルゴ13は永遠だけど、麻生さんは三代目ゴルゴ13なのですよ）

「わけがわからなくなってきた。要はあんたは麻生さんのファンでゴルゴ13が好きだから、麻生さんに帽子を被ってもらいたいんだ」

（そう、それです、何でそんなにわかっちゃうんですか）

「もうーこりゃどうにもなんない」

麻生さん財務大臣退きましたね、本当に適任でした。あの方がしゃべったらもう誰も突けない、せいぜいが陰口を叩いて憂さを晴らすしかないのですから。今度はその憂さも晴らせなくなるでしょう。表に出るのは鈴木さんです。後ろで操っているのは麻生だなどと言ってごらんなさい、今度こそ表面切ってバッサリです。財務を退けたオレが何で財務しなきゃなんねえの？　とシラを切って財務をやってくださると嬉しいんですけどね。

（麻生さんは齢よりずっと若く見えますよ、まだまだ元気です）

「スーツ姿がサマになるのは政界一だな、あの齢であれだけビシッとキメられたら周りは参っちゃうよ」

（安倍、麻生さんには独特の何というか、あれはオーラですよね）

「あんたウチワを持ってファンクラブ結成すれば――」

（ウチワじゃない扇子でしょう）

「そりゃ古い、ディスコだよそれじゃあ」

　古代ローマが敗者復活の機会を設けていたのに倣い今回の衆議院選の顔として、河野太郎氏を全国版の扱いとするは勿論、各候補の応援演説をする際には、その地方の特産品や衣装等を片手に持つなり、着るなり、羽織るなどしてのパフォーマンスで、「一皮剥けた自民党です」とガナッたらどうでしょう――。

　そして、それを岸田総理がホメるのです。国民の眼には敗者復活と映り、懐の深い（あるいは面白い）自由で開かれた自民党と少しは思ってくれるかもしれません。無党派層（若年層）の取り込みが鍵なのですから――。


（令和三年十月四日）

正義の力の使い方

　私生活がどうであろうと、それでその人の政治能力まで云々する幼稚さとは無縁な人が政治を見るとき、余計なものに邪魔されない透明度で、最重要事が認識できます。ただしスキャンダルがどのように為されたかを知ることは、その人物を見るには参考になるとの定説に乗ったふりをしての昨今の安倍さん批判は相も変わらず進化していません。深く追求できるだけのネタも持たないで騒ぐものですからすぐに底をつきます。どれかひとつくらいは「その根拠は」と切り返すのもこれからに必要なのではと考えます。

　余りにもバカバカしくてウンザリの期間も過ぎたようですし、先の選挙での応援演説の際に安倍さんの放った「悪魔のような云々……」は成功でした。ＳＮＳ等で批判が集中したようですが、あの言葉でかつてのイラ菅時代を「本当に悪魔のような」と振り返った有権者（七十代〜）も多かったのではと思われます。

　今の世の中、無傷での成功は望めません。敢えて受けて立つという姿勢の強い方が勝てるのは、力＝正義という定形が働くからです。枝野、志位さんは、またもポピュリスト作りにその定形を嵌めようとしました。ポピュリストは正義という力は持ちません、ただポピュリストなだけです。

彼ら野党の退場（政権）の根本要因がそこにあったのでは――との分別が為されていないのかしらん？

公明党公認候補者いわく、一律十万円の給付金は公明党の山口代表が当時の安倍首相に直談判して決まった、のだそうです。公明党は皆さんを守ります、公明党は与党ですから税金の使い道にも気を配って（というような論調）云々――、票は持っていても税金を納めない人達（税金で食べている）が多い党に無駄使いなどと言われたくもない！　とは正面きっては誰も言わないけれど、本当のところそれが世間一般的な考え方だとわかっていて、平然と公明党員ですと言える党が与党ならば自民党員はたいした者です。何しろ公明党（創価学会）を与党にして守っている訳だから――とは知人の弁（たいした皮肉とは思いましたが、本当なのですから私も黙っておりました）。

今回の選挙結果でやっと光がみえてきました。日本維新の会の躍進は野党ではあっても憲法改正などなど公明党よりは話が通じるでしょう。冷徹さを生む刺すような直観力、菅官房長官の持ち味はまさにそれだと拝察していたのですが、総理になるとそれを禁じ手とされてしまったのは惜しいことでした。安倍さん、ひいては菅さんが公明党を抑えてくれているとと多くは思っていたでしょう。

比べて岸田総理はそういった面での素養の不足がみてとれると考えているのは私ばかりではないようです。

「岸田さん、なんだかなあ。十万円、山口代表にしてやられそうだなあ」

（何となく弱いですよね、人の話をよく聞くとおっしゃってますけど、聞くふりして聞いてないってこともありますし――ね）

「あんた、つくづくいいこと言うな。よく聞くの反対がよく聞かないってことですよ、ってバックレられるほどの度胸はなさそうだ」

（確かです、まさか私ってことじゃないですよね、岸田総理でしょう）

「当り前だろう、あんたは聞いてないんじゃなくて聞こえないいんだから」

（耳はそう悪くはありませんけど）

岸田総理という方は、それぞれの立場のそれぞれの意見をよく聞いた後で大いなるしらばっくれができるほどの冷酷さを持ちあわせている人だとは私も思えません。百人寄れば百の意見があって結局はまとまれない衆愚政治のようには現在の日本はならないでしょうが、結局は何もできない、生まれない、下手をすれば日本は今以上に沈下しかねないという状況にならなければ良いけれど――です。

「菅さんのタタキあげ、岸田さんの米国での差別、東大三度落ちたなどなど何を意識してそんな馬鹿げたことを言うのか訳がわからん」

（弱い者の味方ですよと言いたいんですよ、きっと）

「かなりズレてるんじゃないかなあ。今の若者の感覚は勝者、敗者で、強者、弱者じゃないんじゃないか」

（格差イコール勝者、敗者ってこと？）

「あんたさ、ほんと天才！」

コロナ補助金等で助けられた会社、個人事業主、一般家庭の貯金などと比較すれば、倒産、時短等の原因による失業、収入減の割合の数値は弱い（小さい）と出るのでしょうが、《失業や時短等で――働き口を一日に二（三）ヶ所持っています。コマ切れの時間でも働かなければ食べてゆかれませんので》――という失業してはいられない状態にある者と、そうしなくても良い環境にある者との比率と実体を可視化することが、格差是正解決の糸口にもつながるのでは――。失業してはいないのだけれど、収入を得る為に使っている時間は普通の勤め人に比べてはるかに多いという人達が相当数在ると思われます。

アベノミクスで増えたのは非正規労働者だったので、将来の見通しがキチンと立てられなかったが故に消費増につながらず、好循環が生まれなかったけれど、ジニ係数でみる限り格差は縮小しています。にも拘ず格差だ格差だと国民を煽り不安を助長しての政策判断は誤りです！　とは言わないのが現況です。

日本社会の特徴である「同調主義」で乗り切った時代は終わり、多種、多様の働き方があれば、その生活様式は違いがあって当然とは皆わかってはいるのですが、より高いスキルを求める労働者が成長分野に移る労働移動の活性化、その対価としての賃金上昇等をシミュレーションし具現化へと途を開くに柔軟に対応できるよう、現在のハローワークの雇用に関する形態を思いきって変える必要があるのではないでしょうか（ハローワークはあたらず触らずの画一的、役人的に過ぎて、行くのをタメらう人が多いとは巷の声です）。

「公務員の抜本的改革はできないのかなあ」

（人余り状態でもまず首になりません、余程のことがない限り。休まず、遅刻せず、働かずですもん。これって大変な魅力ですよね）

「ほんとになあ、省庁のキャリアを別としてまず働かないね。市役所をはじめ、みーんな駄目。面倒なことは理屈をこねて各課でタライ廻しし雲散霧消するのを待っているとしか思えないよな」

（ほんとに、あの人達をみるだけで腹が立ちます。この私がもっと働けって思うくらいですもん。うちの奥さん、こないだ、みーんな首よ、首！　って怒って帰って来ましたよ。何だか提出書類の不備の説明に二時間かかって、いろいろタライ廻ししている様子だったって。それが、不備とは何のことはない、素人だってすぐにわかる印ひとつだったって。カリカリして市民が首にできるシステム作らなきゃって息まいていましたよ）

韓国（人）は我々日本（人）が結局は妥協に逃げると思っているのでしょう。なぜなら、これまでの韓国（人）に対する日本（人）の態度が、外交上の必要以上に卑屈だったからです。日本人の奥ゆかしさや忖度する気持ちの優しさなどは、韓国人本来の傲慢と尊大さと無知に歯止めをかけることができないのだと悟れなかった日本外交の恥だと私は思っております。経済上の理由があるのは国交がある以上、どこの国でも同じでしょう。韓国が日本に対して感情的になるのはいつものことですが、日本が韓国に対して感情的になれば、そんなに追いつめるなと韓国に同情する国（者）が出てくるのもいつものことなのですから。「国際司法裁判所で決着するが双方の国にとり有益だと考えます。提訴することあらば、どうぞ」との文言を書き初めとして、竹島、徴用工、慰安婦等の問題を大々的にキャンペーン展開できないものでしょうか？

精神的植民地化した多くの韓国人が変わるを〝待つ〟は無策に等しい、無理でしょう。朝日が毎日が学者が有識者が追随するメディアが何といおうと、これが民意！　で押し通せる正義の力の使い方ができる政府でなければ、強権、独裁国家に互してはゆけないのだと国民に報《し》らしめる格好の機会だと私は考えます。

「安倍さん、麻生さんも韓国には関わりたくないんだろうな」

（私も韓国（人）は嫌いですけど何といっても眼の前の国ですもんね、イヤでも眼に入る。揚句、地続きにゴロツキ北朝鮮、これはもう沈めるしかありません――です！）

「セメントで固めてってか、あんたにしては過激だなあ」

（私、もう、大、大、大っキライなんです。麻生さんがケンカ買ってくれたら私も従って行ってボコボコにしちゃいます）

「あんた、老兵は死なず、消え去るのみって言葉――あったよなあ」

故吉田茂首相の願いは何であったのか。外国と対等に話せる強くある日本だったのではないか。

故岸信介首相はどうだったのだろう。流れを味方にしての早期の日本の独り立ちだったのではないか。

男にとって最上の仕事は国家の為に尽くすことにあるとの信念で、孤独にも耐えたのだと思うと感謝せずにはいられません。

教育の根本は自国の歴史を学ぶことから始まると私は思っているのですが、現代はますます世界史により重きが置かれるようになっている様子です。日本史と世界史を時系列に学ぶことでのイマジネーションは他方面への飛躍に繋がるを文科省官僚、学者を問わずわかっているはずとは思うのですが――。

岸田総理は三度東大受験に失敗したとの話を膨らませて、何年も受験勉強の重圧に耐えて成功した人は自分の努力の結果の恩恵は受けてあって当然と考えがちですが、運、親、教師などの助力を得られたお陰でと感謝する「謙虚」さを失わなければ、ひとは連帯できるのではないかと考えます。より連帯可能な教育制度に設計し直す必要があります。――と語ってくれたら国民は救われた気分になるでしょうね、きっと。与党でも野党でもない「第三極」をめざすという「維新」の躍進こそ時代性でしょう。力量、好運、時代（性）の三要素のうち現在の自民党に欠けている、いたと思われるのが、「維新」の時代性だと私は思います。

キャスティングボードを握るは「維新」である、は多くの国民の思い、未来への望みに一致するかもしれません。

（令和三年十一月二日）

国家観は教育にあり

林外相と茂木幹事長、このお二人は上手く行くか？　内実はどうであれ、ひとの眼には豪放磊落と映るか？　映らない、豪胆さもない、野放図もない、加えて細心と繊細さも併せ持たない。絶対案件の直感力はあっても、本当の武器は思考体系だという考えのもと、理に走る傾向が強いのではと推察します。理とは人の持つものではあるけれど人そのものではないという真を、頭が良いと思われている人ほど時として忘れてしまうことの多いように感じます。感情イコールやっかいなものという捉え方をした方が理を導くに早いのだと納得している訳です。理は言葉としての文字としての媒体を持たない限り、それのもつ役目を果たし得ないと仮定すれば、自分の感情をコントロールしながら使い切るという行為の本質が必須不可欠だと解せるのでは――と考えているのですが。

中国から招待された林外相の訪中のありやなしやに加えて北京冬季五輪への政府要人訪中のありやなしやをマスコミに問われた際の林外相の「我々は我々として考えていく」との答弁がまさに林外相の理を物語りましたね。あの言葉の中の我々に国民は入っているのでしょうか。日本政府の答えとして内外が受け取ったとすればそれは大問題で、民主主義の根幹は国民です。国内の意思統一がある程度成されているうえでの発言であれば問題はないのですが、林外相の今までの経緯からすれば日本、中国双方（米国も）から親中派とみられているのは当然なのですから、それを踏まえたうえでの外相の発言として捉えられたでしょう。だとすれば、あの発言に国民はいませんでしたと発信せざるを得なくなります。外交とは血を流さないで闘う戦争であることも多い。外交ではなく外政と認識すべきという鉄則を、外相である者がまさかお忘れではないでしょうに。

外相時代の茂木さんと現在の林さんに通じるのは、日本としての政治的シグナルをどのタイミングでテコとして使うかの戦略が賢命さを欠くのでは——と思っておりましたら、林外相の発言は「米中二股外交」で岸田政権の大失態云々と叩かれ始めましたけれど——。

ＴＰＰへの中国の加盟申請はこれまでの中国が自国の都合に応じて例外措置を求めたり、規定を無視したりしてきたりしたことを勘案すれば、信用、信頼できる国とは現状に於てなりがたいのですが——。

〝ネックは我々中国でなく対中貿易依存度の高い国であるあなた方の問題でしょう〟と中国政府に言われているようだと感じている人も多いのではと思われます。

米政府が十二月九日、十日に開く「民主主義サミット」（オンライン形式）の招待国百十ヵ国の中に、中国やロシアが排除されるのは当然だとしても台湾を加えたことで、しかもその発表が米・中首脳会談（オンライン）のすぐ後になされたのは何を意味するのか？価値観外交を振りかざすなどの理念への偏りは、お互いの溝を深めることにならないか？との危惧云々――などの記事を眼にしますと、この状態を打開するに適材な人間は信用、信頼度の篤さに於てやはり安倍さんしかいないのではと思ってしまいます。中国の手法に対するは自由貿易の高度化だといわれますが、それにつけても各国間の連携の強さを図れる人が必要だと私は思うのです。

内向き志向を強める米国が遠い極東の有事にどれだけの犠牲を払う覚悟があるかなどと懸念するは悪いこととは思いません。米国を動かすには米国が必要とするモノを持てば良いのです。まずは財政再建を着実に推進するに必要な財政規律、キャッシュフローを潤沢に廻す仕組が肝要。第一に景気を優先すること、財政運営の無駄を省くこと（日本維新の会が動いた百万円の件は良い例――コロナによる重症患者向けの病床を新たに確保した病院に対し、厚生労働省は一床当たり最大千九百五十万円を補助したけれど、実際受け入れたかどうかはっきりしない等々の問題を、アベノマスクの保管料が六億円にもなっているんですと巧妙にすり替えようとする相も変わらずの手法に、倫理なき地に堕ちた日本医師会とワラッテいる国民も少なからずでしょうに――。

景気優先策のひとつとして、かつて大平正芳首相が唱えた「田園都市国家構想」を具体的にする為の国土の将来像を、まずは安倍派新人議員にグランドデザイン、シュミレーション化させ、かつ発表させるという機会を与えたら――。その際に若手官僚からのサイエンスを呼び込むことによっての重層的効果はこれからの第一手になれるのではと考えます。岸田首相の重点政策である「デジタル田園都市国家構想」を後押しするように見せて先んじるという手法も岸田政権には必要。聞く耳はあっても気概が薄いと世評されているのですから。

成長の恩恵が時間を経て末端へと広がる「トリクルダウン」の機能の低さや遅さは世界的に問題となっていますが、主要国が最低賃金の引き上げを図っての打開策も一様のようです。日本の経済のどこが問題なのか、そしてその打撃を最小限に抑えるに必要な日本経済の構造転換等の政策が国民にわかるように伝わらなければ、最低賃金の引き上げ効果が薄いのでは？　大会社（中堅も含めて）の内部留保を少なくすれば賃金は上がるとの考え方が巷では一般的なようです。

米国が今一番必要としているモノはＡＩ分野に於ての「個人データを融合し国際的な社会操作ができる」ようになることなのでは？　操作が可能となれば、特定の集団や対象を狙い撃ちしたメッセージを発信できます。ＡＩはその過程で学び、ますます巧みになるでしょうし、つまり悪く言えば「自動操縦型のプロパガンダ」の完成です。武器商人の国はいつもテロに対して臆病であることが必要なのでは？

そういうことを踏まえれば、米国が二十年に及ぶ駐留を経てもなおアフガニスタンを自由主義陣営に入れることができなかったという事実は、中国が、アジアのどの国を中国覇権主義の及ぶ国にできないかに重なります。できる、できないの比率のうえでの中国的手法がどのようなものであるかの精査に必要な情報を、日本は、アジアのどこの国よりも充分に集めることで、現実に即したシンクタンクを擁する国として米国に認めさせられるでしょう。

国内経済の安定、上昇を図りながらそれらを履行し得るのは、やはり安倍、麻生さんです。国家観のない者が公務員、官僚、国会議員を職業として国が良い方向にゆく訳がないとは誰も言わない。おおもとの国家観とは教育にあるともいわない。

安倍、菅総理の時代に官邸主導体制を敷いたので官僚に忖度の空気が生まれ、劣化したのだというもっともらしき理屈を堂々と言える有識者、学者、ジャーナリスト等は、どうして日教組という組織に眼を向けようとしないのかが私達、巷の人間には理解できないのです。国歌斉唱をしない、起立もしないという愚行がまかり通る国家が何処に在るの？　それらを許している国民（国家）が世界の何処に在るの？　そう問われて恥ずかしくて口も利けないという口惜しさを味わった日本人が少なくとも私達三名はいるのです。「それが日本での自由の在り方です」などと、どうして言えましょう、それこそこの人は劣化していると思われるのがオチです。

己を持たない人は、みんな同じでありたいと希求することが自由主義なのだと捉える傾向が強いように思えます。そういった人ほど、皆平らになりたいとしてイタリア病、イギリス病で低迷したイタリア、イギリスと同じように日本病にかかっているのでは――。生存への活力や熱量を取り戻すに必要なことのひとつに、日本企業は過去の成功体験に引きずられることなく、モノからコト、コトからココロへという人々の求めるニーズの変化に対応を急ぐべきだといわれて久しいのですが、答えはむずかしい。やはり憲法――。

「日本は十八歳以下十万円どころじゃないだろう、世界は動いているんだよ。ドイツは海軍の何って言ったっけ、そう、バイエルンっていう艦艇を日本に寄越したりして、中国を除いたアジア寄りの姿勢を示したけど、十月下旬だったっけ、ロシアと中国艦隊が津軽海峡と大隅海峡を通って本州をほぼ一周する演習をしたんだよな。確か十隻だったと思うけど、あれには誰だってビックリしたんじゃないか。どうするんだよって、あんた思わなかった？」

（何で日本を廻れるのって思いましたよ。でも、海だから通れちゃうのかなって。それにしてもああいうこと平気でやれちゃうのが戦争なんですよね）

「そう、忖度も何もない、ただ勝てばいいだけ。それが戦争なんだから。十万円やるよりも十万円何処に使うかだろう。ワァワァ騒いで使うだけじゃ意味ないんだよな」

（私がもらえたら、寄付します）

「何処へ？」

（日本海軍）

「ハアーどうして海軍なんだ」

（だって空からの攻撃を防ぐのは、もうどうしようもないでしょう。生き残った人々が助かるとしたら海を渡るしかないいんじゃないですかあ）

「うーん、海軍に運んでもらうわけ？　日本に潜水艦は何隻あったっけか。確か二十二、三隻だったよな。うん、そう、それで二千人は助かる」

（えっ、二千人しか乗れないの。嘘でしょ！　それじゃ私は助からない）

「あんたさ、お国の為に死ぬんだよ。先のある、能力のある奴が生き残らなくては意味がないだろうよ。ヨボヨボが残ってもゴク潰しなだけだろ！」

（私はゴク潰しではありませんけれどヨボヨボではあります）

「意味わかんない。ところで安倍さん、麻生さん、この頃仲悪いらしいって言われてるけど本当かなあ。麻生派、岸田派一緒になって大宏池会とするらしいって噂だけど」

（麻生さん、安倍派と一緒になれば良いんですよ、そうすれば無敵です！）

「そうはなれないから噂になるんだろ。あっ、そうか、牽制してるんだ！　安倍派と麻生派を組ませないようにデマを流して策略してるな」

（麻生さん、安倍さん、裏ではもう組んでますよね、きっと）

「オレ感心するんだけど、あんたって時々はっちゃけるよな、本当は利口なんだな、オレなんかよりずっと」

（だとしたら、私の利口の部分はとっても小さいんですよ、きっと）

「なんで？」

（だって、時々なんでしょ）

安倍さん、麻生さん、岸田さん、茂木さん、二階さんと、ライバル意識は、それ自体は非難されるべきことではないのですが、安倍、麻生さんを除く三氏が、現状の日本が抱える問題を解決に持っていく能力に長けているとは多くの人達は思っていないでしょう。長けているのではなく欠けている場合は、日本の問題だけではなくなるのです。戦場での総司令官には、まず何よりも即決する能力が求められます。瞬発力としてもよい能力ですが、それだけでなく形勢が不利になった場合でもそれに耐えながら続行する能力も必要とされます。この二つともがないと、バトルであろうがウォーであろうが勝てないとは定説ですが、三氏がそれらを持たれているとは考えられません。

安倍派が飲み込んでしまえば良いのです、龍の如くに！

参議院選を維新は百万円に縛られずに動ききれるか――楽しみです。

オミクロン株の影響でマレーシア行きが延期との報に接し本当に残念でなりませんが、スーパーマンのようには空は飛べませんから。さりとて無菌室の潜水艦で行けたとしても地上に出られないのでは、光となって行くしか――。

皆、安倍さん、近頃少しヤセてきたんじゃない？　と心配しております。
お気をつけてくだされますよう――。

（令和三年十二月二日）

勝利の方程式

年齢、性別、人種、学歴に基づかない個人の能力評価を米国や先進国並となるよう努力しなければ、日本は沈下し続けると言われても、日本社会は依然として年齢重視の傾向にあり、個人の能力の違いを素直に認め、それに見合った教育をするのが教育の機会均等だと発言をする当の学者、有識者の多くがその既得権を手放そうとはしないし、手放さない為の努力もしていない現状で、格差の是正の為の教育云々ということ自体が嘘クサイと多くの若者は気づいているでしょう。

私の知るところによれば米国の著名な大学は、大学の維持、質向上の為に、教授であることの条件のひとつとして一年ごと（二〜三年ごと）の論文の発表を半ば義務づけているそうです。比べて日本は？　と考えますと、そういう努力も必要なく、いい加減な齢になっても後輩に地位を開け渡さないという貧しさからは競争の下地が生まれるとは思えません。日本の教育の質の低下はこの下地にあるのでは？

経済界の年功序列が悪いのではなく、発展する為の競争の下地が流動性に欠けるのでは？　と私は考えます。

発信、徹底、調整、指導力――これらに優れた力を発揮するチーム力なるものを得手とするのが日本人でしょう。クラスというチーム、学年というチーム、学校というチーム、学区、云々、勿論その弊害も語り尽くされた感があるにしても再度の検証を以って前へ進むという行為により、抑止力となる努力を欠かさない（配慮を怠らない）トップ（リーダー）を持ち得たチームこそが勝利する、という方程式の確立をできるのが日本人なのではないかと思うのです。

チームの中での個が勇躍できる下地は、チームに〝ある〟とはなりませんか？

二〇二二年一月にＲＣＥＰ（地域的な包括的経済連携）が発効されることによる関税引き下げの恩恵は十五ヶ国で日本が最も大きいとの試算をＵＮＣＴＡＤ（国際連合貿易開発会議）が発表した。日本はＲＣＥＰ域内での日本製品輸入が中国、韓国を大きく上廻るという恩恵を受ける。比べてフィリピン、カンボジア、インドネシア、ベトナムは負の影響を受けるとの報道に接し考えるのは、これらの国々に対しての日本の還元策はいかようなものか？　ということです（自動車部品、鉄鋼製品、化学薬品などでの関税撤廃で日本が潤うを中国、韓国が黙って見ているはずはない）。当面の手当としての方策を打ち出して効力あるは人的外交でしょうか。勿論、日本政府は水面下において国益第一としての行動をしているでしょうが、当面、国での「一般の人達の眼に触れる化」外交が援護射撃として大事なのではと考えます（東アジア地域の国民性を考えれば）。

それが誰にでもできることではなく内外共に安倍さんになってしまうのは困ったものですが――。

権力欲の強い人に見受けられるある種の野暮ったさは、見せる顔と窺う顔に顕れるような気がします。従える、られると自分が思う人間に見せる顔とコイツには従う振りをした方が得策だと考える人間に見せる顔の違いを観察していると、ある一定の法則が息使いに顕れるようだとは――思えませんか？

息を継ぐ時のその様が何とも野暮ったい。

各国の首脳、閣僚と対峙する立場にある人間に求められる資質の大事な部分のひとつに、メディアに何処でどのように撮られようと、その人であることを表明できる人であること――つまり、サマになれる人――こう考えるともう夢も希望も失せてお先真っ暗と思うのが一般人で、権力欲の勝った人はネジ伏せようとするのが問題！

そんなことしなくてもサマになっちゃうんだから仕方ないでしょで澄ましていられるのは安倍、麻生さんぐらい。お二人の対極に在るような人達への攻略法等、ガバナンスは日本より外国の方がずっと上手なのですから、そこが心配です。

（ワタシ、テレビで林外相の顔みてたらガマガエルを思い出したんですよ、で、ついでに岸田総理は殿様ガエル、林さんがガマガエルで茂木さんはカンガエルだなあって）

「カンガエル？　ハァッハッハッハッハッハ、何でカンガエルなんだ」

（だって岸田さんは鎮座ましますでしょう、ガマガエルは図体の割にはオトナシク鳴くじゃないですかあ。急がせたら泡を吹いてひっくり返りそう。そんなこんなで茂木さんはカンガエルってことですよ）

「ハッハッハッハッハ。あーあ、あんたってオカシクトンデル時あるよな。鎮座マシマシタ、ヒックリカエリマシタ、カンガエマシタで三馬鹿トリオまっ青になりましたってか。ハァッハッハッハッハ、参った」

（ついでに松野官房長官は金太郎、そっくりでしょう）

「足柄山の？」

（そうです、そうです。ハッケヨイヨイノコッタ、ノコッタ、ノコッタですよ）

「で、誰が残るの？」

（決まってます、麻生さん）

「あんたさ、麻生さんいくつまで生きると思ってるわけぇ。五十m走ってガバッて倒れられたら困るんだよな」
（私、五十mも走れません）
「あんたじゃないの！　麻生さん」

安倍さんのオンラインでの台湾有事発言が物議を醸し大変だと、またも騒ぎをなるべく大きくしようとして大変なのはあなた方でしょうがと、共産党をはじめとする面々に言い返すのも面倒ですが、岸田政権内に於ても安倍さんの真意を解せていない人達がいそうな気配に唖然としております。

中国への外交ボイコット（冬季オリンピック欠席）が為された背景には安倍さんの側面、援護射撃が必要とされていたのだとわからないほどのデリカシーの無さでは野党と五十歩百歩でしょう。否、野党はわかっていてわざと騒いでいるのであれば、政治的センスに於ては上だと言わざるを得ませんが――。

岸田政権を支えると言っている安倍さんの信義は国益を命題に於てでのことであるを、明確に打ち出すことで国民の理解も得られると考えます（日本人は、支えると言ったら、どうあっても支えるものだと思い込む人が多いというのが、これまでの歴史の現実だと私はみておりますので）。

実現できない理想にも拘わらず、実現可能な解をたぐり寄せる現実主義でドイツを導き守り続けたメルケル元首相は、政治の本質を「政治とは何が可能であるかだ」と喝破したそうですが、そのドイツには米軍の核兵器が配備されており、運用にドイツの戦闘機を使う「核の共用」の仕組みがある。ドイツが核共用を放棄した場合は欧州の安全保障のマイナスになるというように、平和を保つに可能なことは誰かが誰かを守り、またその誰かが誰かを守り、またまたその誰かが誰かを守ることなのでは——との想いを共にすれば、やはり台湾は守られなくてはなりません。

「アンタの病気が移っちゃってさあ、この間孫のクリスマスプレゼントにリボンをして貰おうと思って、クルシミマスプレゼントだからビロンお願いって言っちゃってさあ、慌てて言い直したらシマシマスプレゼントでロビンお願いになっちゃって、もう、オレワケわかんなくなったらスッと若い店員が消えてさ、おばさん店員に替わった訳よ。それで、お客様お伺い致します、どのようなご用件でございましょう、ってきたんだな。これ以上しゃべったら、このジイさん完全にイッちゃってるって思われるなって思った途端、ワァーッてビックリするほどの大声がこの口から出てさ、おばちゃん店員眼をムイてのけぞったんだけど、ひっくり返らなくて良かったよ。警察と救急車来ちゃってたかもな」

（声って口から出るんでしょ。ワタシはめったに大声は出しませんし今病気はないですよ）

「それが病気なの！」

（ええー、何の病気なんですかあー）

「調子狂う病気！」

（そんな病気はありませんです。狂ってたのはアナタでしょう）

「ああー、そう言われればそうだけど、あれは何だったんだろう――あの言葉忘れないんだよ、クルシミマス・ビロンだろ、シマシマス・ロビンだぜ、もう――どう考えたってアンタに感染したんだろうが」

（いつものオモイシッタカ病がコマッタ病に変わっただけです）

「……アーメン……」


何を言っても何をやってもわかろうとしない人達を相手の孤独は如何ばかりのものかと

胸塞がる想いです。
が、富士山はいつもそこにあります。大海原もいつものようにあります。
よいお年をお迎えください。

（令和三年十二月二十一日）

自己犠牲の先

　またもです。またもファクトベースで反論していく機会を失いそうです。国の名誉に関る――とまではなくても安倍さんのファクトベースで反論していくことが大切とは、本当にそうだよなあと多くの国民は納得したでしょう。「佐渡金山」の世界文化遺産への推薦を見送ると政府が決定した場合、国民の多くは、韓国側が佐渡金山で強制労働があったと主張し、ユネスコへの推薦に反発していることを受けてだよ、ダラシがないねえ――となるでしょう。このコロナ禍での現在、経済や種々の事柄との関係を踏まえれば韓国を刺激するのは得策ではないという「実際」を考えても「事」は解決しないとは、もう国民はわかっているのです。批判するのならば一部の切り取られた情報だけではなくファクトを確かめるべきと、まず国民へ見える化パフォーマンスをした結果、政府として強く抗議するという、過程を対外的にもみせる段階に韓国に対してはあるのでは――。

　辛辣な言い方ですが、日本の政府は、最高の成果を得るにはまずどのようにチームを編成し誰がリーダーに適任なのかという点を考え抜く体質には至れないのでしょうか？

　安倍さんの投げかけた真意（自己犠牲）は国益を見据えてのことであると感知できない

（あるいはできない振りをしていた方が楽だと考えての）オソマツさにはもうウンザリです。

お隣り韓国では五月に新政権が発足しますが、新政権への外交分野での期待では日本の最多が「歴史問題を含め日韓関係の改善」五十九・八％だったのに対し、韓国は「米韓関係の強化」四十二・二％だったとの記事に考えさせられました（日中韓経営者アンケート〈二〇二一年十二月九日～二十四日実施〉は中韓それぞれ約百社の経営者が回答）。

「話せばわかる相手ではないのに、まだそんなことを言っているか！」ではなく、話してもわからない人達は本当はあなた方日本の経営者でもあるのではないか？　という、今までは漠然としてあった日本の経営者への不信感が形としてみえてきたように思えたからです。今の世の中、勝つ戦いをしないで負けない戦いで先に進めるとは考えられません。国としての責めを負った外交は韓国の方が上なのでは？　韓国の卑小性云々と思っている国は意外にも少ないのかもしれません。

こんなのでは参議院選を政府、与党は真の意味での勝者にはなれないでしょう、勝てるにはしても――。

（国民の心が離れ憲法改正がますます遠くなるのでは？　行きすぎた自由を引き戻すとき

が世界の流れなのに――）

　インドでは構造改革が足踏みをしている。農業改革法は政府、与党の強行採決により反発を受け、廃止となった。国営銀行二行の民営化、電力小売市場改革法案は反対運動の再来を恐れて見送りとした等、選挙で選ばれた議会の決定を一部の反対意見を受け撤回するのは、難しい問題を間接民主主義で解決するという基本を崩す悪しき前例となる。

　じゃあ、どうすれば良いのですか？　賢明で融和的な政治手法で改革を推進しろというけれど、どこまでが賢明で融和的なのかの線引きがないから強行採決により、政府、与党の力が削がれる事態は国益という観点から現況では避けるが是で、法案見送りとしましたとの論理を釈明と採られてまた叩かれる。包装を見て中身を見ようとしないのを武器とする人種（敢えて人種）に対するは、言葉では×、体罰も×、消去も×、階段を登らせてハシゴを外すときを見逃さないことに落ち着くのでしょうか？　ＩＰＣＣ第六次報告書執筆者の一人、東京大学特任教授有馬純氏は、第二十六回ＣＯＰ26について日本は石炭火力発電所の廃止や電気自動車（ＥＶ）への早期シフトを公約として求められたが、温暖化ガス削減の手法にまで他国が口を出すべきではないとし、日本が採るべきは島国という地理等々を考慮、国益を考えた方策（施策）であるべきだとしています。ついては、天気任せの風力や太陽光の再生エネルギーから水素をつくるのと二十四時間発電し続けられる原子力からのとでは発電コストが違う。原子力で水素をつくる方法はいくつか考えられるが、再生エネルギーと同じに海水を電気分解して水素を生み出すが主流で、グリーン水素とは再生エネルギーからつくる水素を指し「グレー」と呼ばれる化石燃料からつくる水素と違って、その製造過程でもCO_2の排出がない。CO_2の排出がないのは原子力も同じ、日本は太陽光を再生エネルギーの代表としているが、欧州に比べて発電するコストが二倍ほど高いという記事を読むと、原子力と聞いただけでアレルギー的になる人の多いこの日本でCO_2排出がないという理由で原子力云々とは言い難い。さりとて再生エネルギーに拠れば発電コストが高くなり、その分料金の上乗せが必要となる。何より安定供給という点に於ての不安が消えない。

この問題を国民参加という形にもってゆけないだろうか？　憲法改正にはこの国民投票という大命題があります。

予行演習は必要ですよね。

厚生労働省によれば、国内の六十五歳以上の高齢人口は二〇四二年に三千九百三十五万人でピークを迎える見通し。その後は減少に転じるが高齢人口は依然として多い。積極的にデジタル化を進めることで、現行基準介護施設の入所者三人につき少くとも一人の職員の配置が、四人を一人で対応できるという可能性があるとは何ともオソロシすぎて論外！と多くの国民は思っているとは厚労省は考えていないのでしょうか？　七十歳定年と騒ぎながら六十五歳から高齢とはどういうことでしょう、六十〜六十五歳定年を七十〜七十五歳定年としなければ、年金支給額の先細りは避けられないのではと皆不安に思っているのです。これひとつの課題にしても憲法に縛られての行き過ぎた民主主義（社会）、民主主義の大元は官庁なのでは？　になりかねません。

現在、日本の家計が保有する金融資産は千九百五十兆円。そのうち六十歳以上が千三百三十三兆円を保有するという事実を見て、ではなぜそのお金が市中に出廻らないのか（出廻る率が少ないのか）——（いったいいくつ〈何歳〉まで生きてしまうのだろう、あるいは百〈歳まで〉越えてしまうかもしれない。介護施設で終えるのだって二千万円以上は必要なのだから、それに今の世の中、子供は自分の家族で手一杯で親どころじゃないんだし——お金が頼り、持っていなければ——ほんとにいくつまで生きちゃうかわからないんだから）おかしな話です。何歳まで生きてしまうかわからないという不安がお金を使わせない。この考えの人が多くあるのであれば「不安」の解消が急がれます。

八十歳を過ぎたら、一年間に使った医療費が国の定めた一定額以下の個人に対して何らかの見返りがあるというのはどうでしょう。これは差別にはあたりません。日本は国民皆保険で、収入の多寡により納める保険料は違っても診療代は一律なのですから。一年間よく頑張りましたとホメられ何がしかのごほうびを貰えることは、健康への関心を高めその波及効果（旅行等の付加価値、国の医療費負担減等々）を生むというような良薬となるのでは——。

「そうは言ってもそのごほうびを貰えるのは、チンタラ仕事をしていた元公務員（役人）が多いってことになるんじゃないか？」

（そう、そうです。だって身体は傷んでいないんですからね）

「だよな、外の仕事で身体使ってたのと、中の仕事でも頭を目一杯使ってたのとチンタラじゃ、身体と頭の傷みようは比べものにならないだろうよ」

（そのくせ、ごほうびが貰える何ておかしいです、ほんとに）

「要するに公務員（役人）をもっと減らして、特に市役所なんかはコネ入庁なんか絶対に×。試験日、試験会場、試験科目、合格番号など一般の人が眼に見える場所に公示する。各部署ごとが新たに必要とする人数を列記するとか。オレ、そのくらいしかわからないけど、実際市役所、保健所、その他モロモロの役所、今はコロナなんかで忙しいけど多過ぎるよ、どこの自治体もおんなじらしいけど」

(やさしいことを難しくして時間を稼ぐ知恵はあるらしいです)

「知恵じゃなくて体質だろ！」

(ほんとにそんな体質になっちゃうのでしょうかねえ)

「……ああ……」

全国に散らばる廃校を介護施設、保育園等に活用するに課題は何か？　リカレント教育や文化イベント等への貸し出しも可能なのでは？　介護施設ということでは、七十五歳を過ぎて入所を望む人達は公開抽選とし、入所費用は国民年金額で足れりとする。各班、各自治会等、自助共助を理念とした組織作りをうながす。その介護施設の一角、別棟に幼児、学童等の施設を併設、老人との接点を得ることで人の持つ本来の素養を育む等々、考えているとあたたかな気分になれるのが不思議です。

自分の国を思う想いを感じることなく過ごせる時代が平和なのだろうか？　だとすれば、日本はいまだ鎖国状態にあるといえなくもない。平和とは戦争がない、しないことだと思っていても平和である為の努力の質を考えてはいない。国も人もひとつ。ひとりでは生きられないとはわかっていてできないのはなぜか？　みーんな同じ、みーんな一緒が平和なんだ、努力してもしなくてもある程度の差はあるとはしても、みーんな一緒という意識が安心なのです。個々の競争意識もこの安心という構図の中に納まる。いわゆる安心の許容範囲内にあることで社会が保たれていたのが日本だったのでは？　日本経済が低迷から抜け出す為の必須要件は個々人が輝ける場所を求めて容易に転職できる、労働市場の整備であると言われ続けたにも拘ず、その歩みが遅々としていることの根本要因の大きな要素は実はこの安心という構図にあるのではないでしょうか？

日本企業の地盤沈下に歯止めをかけるには、モノを作って売るという従来の発想を変えて事業転換を図ることは理屈ではわかっている。M&Aが怖いのではない、己を否定されるのが嫌なのだ。自分の会社が飲み込まれてしまい自分の行き場が失くなるという不安――この根柢にある不安はどこからくるのか？　会社に出勤すれば、動いていればどうとかなり、なったという、ある意味の「安心」という度合が薄れていく「不安」におのおのが耐えきれないのでは？

日本の国内総生産（GDP）比の上場企業数は米国やドイツの四～六倍にのぼる。米国では上場廃止の七割がM&A、弱い企業が買収されながら新陳代謝が進む。時価総額上位百社の創業からの「年齢」の平均は約八十歳、デジタル時代の勝ち組が増えた六十歳代の米欧や三十歳未満の中国に比べて老いている。新陳代謝が進む市場設計が急務としての東証の区分再編改革は、日本経済新聞社に限らず大々的に報道、取り上げられるべきです。経済を蘇らせるは必定なのですから。

二〇二一年九月、米英豪とフランスが潜水艦開発計画に際して亀裂が入ったのを受けて日本は日仏協議で米英豪仏の橋渡し役をめざす。フランスは太平洋やインド洋に海外領土をもつ「海洋国家」。仏領ニューカレドニアに海軍の拠点を置き、南シナ海に進出する中国を警戒するとの記事を読んで、もし米中の軍事衝突が起きた場合、日本はどうするか？米国との密接な関係維持が第一命題として、中国とぶつかるのは避けたいという思いを共有する国が多いのが東南アジア諸国なのですから、東大教授北岡氏が言うようにオーストラリアや太平洋の島しょ国も合わせて「西太平洋連合」を創設したらどうか——とは、不謹慎といわれそうですがトンガの火山の爆発によって現実味を帯びてきたように考えられませんか？　日本の自衛隊がいかに役立つかを内外に知らしめる「好機」でしょう。

イスラエルのNSOグループが開発した軍事用スパイウェア「ペガサス」を使えばメッセージなどのやり取りを本人に気づかれずに盗み取れるのだそうですが、日本の防衛省は国家機密を秘匿するに従来のアナログではない手法を開発、開始しているのでしょうか?

サイバー分野は防衛と攻撃が紙一重、守りに徹するだけで一切の攻撃はしないという方針ではもたないとは誰でもわかります。日本が国として侮れない存在であることが攻撃を受けない要素のひとつなのですから、他国の追随を許さぬ（軍事としても利用可能な）「何か」を開発できないものか。他国が非難しづらい意外な「何か」と未熟な頭で思ったりもします。

「この頃、安倍さんと麻生さん、やっぱり仲が良くないらしい。どうも岸田派、谷垣グループと組んで大宏池会とすれば数のうえでは安倍派を抜いて第一派閥となるんだそうだ」

（それって安倍派より上になりたいってことですか?）

「あんた、今日、冴えてるな、よくわかってるじゃん。そりゃあ権力闘争ってそんなもんだろうよ、国会も牛耳れるんだし」

（冗談じゃありません、大宏池会の為に日本があるのじゃあありません。そんな馬鹿なこと、麻生さんわかってます。だいたい麻生さんのようなカリスマ持った人はもう出ません）

「岸田から林へ、林から河野へと政権移行するだろうっていう見立てもあるけど、確かに三人共麻生さんに比べたら見劣りするなあ。だからって麻生さんは闇将軍のタイプじゃないしな。あの人は安倍さんとは違った清涼水なんだよな。二人をみてると、まだ日本はあるってオレ何だか安心する。やっぱり安倍、麻生でゆくしかないか。だけどなあ、麻生さん齢だし、困ったな」

（麻生さん百歳まで生きます。九十歳までにらみ利かせて、うーん、やっぱり百までは政界は無理かなあって私も思いますです）

「にらみを利かせた期間はオジイさんの吉田さんを完全に上廻るな」

（知らざあ言って聞かせやしょう。オット俺らは吉田小僧～ですよ）

「……はあー……」

相手の懐に跳び込んでゆく果断さを兼ねてこそ聞く力、武器になると思うのですが、岸田総理勿論おわかりでしょうけれど。

（令和四年一月二十六日）

国家観なき戦略

ゆき過ぎた自由主義を本来の姿に戻すに必要な政治は強権的にならざるを得ないのか、との問いかけが巷に流れ始めています。ゆき過ぎた自由をゆき過ぎていると自覚できない。過ぎているのでは？　と思えても、じゃあ、まずはあなたがやってみればとばかりに、コトや携わる事柄を押しつけられたり等の異端的扱いを受けてまで、犠牲的精神を発揮する価値は今の自分を取り巻く社会（世間）にはないよな――と考えていたのでは変わらないと気づき始めた人が多くなってきたような感じがします。

日本の従来の資本主義に合わせた自由主義の発想形態から脱け出なければ、国も、ひいては個人も、やがては先細るのですとの安倍さんや先見性を持った方々の発信に対し、相も変わらず強権的だ、我田引水だなどと騒ぎ立て、あらぬ方向へ持って行こうとするメディア、学者、有識者等には、政府の一定の関与は許されるのではと考える人も多くなるでしょう。

日本をもう一度立て直す覚悟でやっていこう――これこそがこれからの若者に対する私達の責任姿勢です。

ついては、岸田首相は二月四日、首相官邸での米国新駐日大使との会談の際、「バイデン大統領の信任の厚い大使をお迎えできたことは日米同盟の強固な絆を象徴する」と述べたとの記事を読んで、日本の外務省、政府、（岸田）首相の相変わらずの落ち度ない言葉を定規で計ったようにマス目に埋めていくという使い古した言い廻しには驚きです。相手の懐深く響く「言葉」の効用を感知、周知した外交センスをお持ちの諸外国の多くの指導者に比べれば、日本（人）は初歩的段階に於てもう没だとの陰口が安倍さんの時代には遠のいていたものをまたぞろ言われそうです。

選択肢の中から最もひどくないものを選ぶのが官僚であり政治家だとは通説であって定説ではないのを立証している国が多くあるは何故か？　という問題意識の低さが日本軽視に繋がるを感知できない硬直性は、国内の問題、直近ではアベノマスクに遺憾なく発揮されて、マスク希望者への配布に国は十億円の税金を費す、焼却処分すれば六千万円で済む、この一般報道を受けて国民は怒るのが当然なのですから（聞く力を発揮しました）、政府としましては各都道府県に対応の協力をお願いしたいと思います――等々を発表するという腹案が用意できたはずです。もっと言えばそれなりの根廻しをしておいて当たり前。これでは十億円の税金を使うのが最もひどくない選択肢だったと国民の眼には映るでしょう。

民意との乖離は明白。

見方を変えて、安倍さんのさらなる権威失墜を狙ったのだとすれば余りにもお粗末。インテリジェンス――知性、正確で客観的で広範な情報収集に於て安倍陣営のほうが勝ると思いますけれど――。

人類の知能を凌ぐ機械や発明までこなす世界はＡＩの登場で実現に近づいたけれど、複雑な意志決定をどこまで委ねられるかでは（各国）議論が分かれる。二十年にリビアで使用された自律型兵器はトルコ製だったのではとの疑いに端を発し、生殺与奪の判断を機械が担う未来は忌わしいとてＡＩ兵器への批判は強いが、何よりも懸念されるのはＡＩが人間の思考能力を奪うことで、人間が楽になる代わりに考える作業までやめる方向に傾きかねないという事態となる恐れを招く等々。

イヤ、そんな生ヌルイ問題ではないでしょう、そのうちＡＩは人間不要論を持ち出すに決まってます。ＡＩの世界には血液が必要でないのであれば、人間はタダの物体と化す訳です。つまり、主従関係が逆となる。何ともはやアーメン――でしょう、などと私は考えますけれど――。

サイバー攻撃を受けた事件を契機に、電子空間での攻防がエスカレートして軍事力による報復に踏み切る国家が出てくるかもしれません。米中などでは将来の戦争で敵の意表をつく攻撃を瞬時にする為の戦術をＡＩに立てさせるというアイデアが浮上しているそうです。人間の自制力を持たないＡＩが甚大な被害をもたらすサイバー攻撃を選択した場合、攻撃を受けた側はどうするか？　軍事力での対抗する道を選ぶのが自然の流れなのでしょうが、現実主義者が誤りを犯すのは、相手も自分と同じだから馬鹿なことはしないと思い込んだときであるといわれます。現実主義者に限らず、現在の日本人にはこういった類いの人のほうが多いのも事実なのですから、どうすれば良いか？　軍事力で対抗となると戦争はイヤ！　と騒ぎ立てる。話し合いでどうにかしようとかそれこそ話にもならないことを平気でのたまう。いっそのこと、各家庭にシェルター助成金をつけますとでも言ったほうが危機感は持つのかしらん――。

米国が二正面作戦を放棄してから十年が過ぎましたが、中国という「一正面」に向けて計略を練るのがこの「二正面作戦」断念の合意だとすれば、日本は米国との同盟を重視する反面、主体的な取り組みも必要になるとはおおかた考えられたことですが、とりわけ対中国経済に於ける日本のシェア推移、経済対策は世界の眼にどのように映っているのかが鍵なのでは？　中国の経済的影響力を無視できない多くの国は、対中国経済への流動性に敏感にならざるを得ませんよね。

この三月に南米チリの大統領に三十六歳と若いガブリエル・ボリッチ下院議員が就任、ボリッチ氏はキューバやベネズエラの中南米左派とは一線を画して、人権重視や報道の自由を訴える中南米左派像を刷新しようとしているとの報道には、ボリッチ氏が果たして中国資本排除に動くのか、中国依存を高めるのか——。しかりフィリピンでは、マルコス独裁体制下の負の歴史を実感とはしない四十歳未満の世代が人口に占める割合が約七割に上るという現実は、何を可能にするか？　という課題はフィリピンに限らず似たような人口比率の国々にも当てはまるとの記事を眼にして、かつて、シンガポール建国の父、故リー・クアンユー首相が実践した「攻め」の経済安保（小国が大国に翻弄されにくくなる為にはヒト、モノ、カネを集積して経済の成長を促すが大事）を中国の間隙を縫って日本のゼネコン各社、商社共同参画プロジェクトを素早く組織体系化し、ヒト、モノの集積回路を作れないだろうかと思います。中国資本（インフラの利用）を活用するとかの大義名分で——というのも、経済規模でいえば米ドル支配に挑戦しうる唯一の通貨は人民元だけれど、それには（中国は）資本勘定を完全に開く必要がありますが、現在の中国は金融の開放より国内の安定を優先している様子ですし、日本はといえば人口減時代に社会保障を維持するには労働生産性を引き上げて経済成長を続けるしかありません。それには、ＡＩやロボットよりも拡がりを持つ「人口」に着目、手立てすべき。ＡＩに多く投資すると同じくして人的資本を適切に補充することで生産性や事業の成功率は高まるのですから。

「日本の国益は何か」という眼でみれば、ウクライナでの米欧とロシアの応酬は「冷徹に分断」する示唆に富みます。

ドイツはロシアと結ぶガスパイプライン「ノルドストリーム２」の稼働停止をロシアへの制裁の選択肢として明示し、ドイツが経済的な犠牲を払う覚悟はできていると言い切ったと報道されました。ここなのだ、ドイツ（人）の強さはここにある――と思ったのは私ばかりではないでしょう。ドイツはこの「コト」だけでもう欧州の自由主義国を味方につけました。内実はどうであれ、政治的かけひきはどうであれ、どのタイミングでどのようなアピールが「国益」として必要かを熟知していると思えます。ロシアのプーチン氏を相手にして勝てているのは今のところドイツだけなのでは――。

かつて、日本の学者、有識者、マスコミ等は安倍さんの対ロシア政策、外交に疑問符を投げかけましたが、プーチン氏という人間の一連の行動から窺えるロシア性なるものを考えれば、日本人の危機管理能力の低さと憲法に擁護され過ぎの弊害が目立つ実際で対処せざるを得なかった安倍さんをはじめ多くの方々の苦衷もわかろうというものです。

この私も対応が遅いなあと思っていた一人です。すみませんでした。

保険診療を担う病院や診療所の経営は国民が納めた保険料や税金で支えられているにも拘ず、公益上重要な医療政策に協力する義務を負わないはおかしい、政府、自治体による医療のガバナンス（統治）を確立すべき、一定の責務を負う仕組にすべき、との提言には国民の多くが賛同するでしょう。日本の医療は人口当たりの病床数が先進国最多であることは報道にて大半の人が知っています。

かつては、いろいろ薬を出してくれる、日にちをかけてよく診てくれるお医者さんが良いお医者様でしたが今は、医は金とばかりに自分じゃ税金逃れをしながら、我々の税金を掠め取る算段ばかりする医者になってしまった――ですからね。地に堕ちたり。かえって真面目に取り組んでいるお医者様にはお気の毒と思いますが、やっとメスが入りそうだと巷では久し振りに笑顔です。

日本の横並び教育では創造性を育むは難しいとはわかっていても、じゃあどうするかといえば日本の社会構造の変革を求めるとか、大上段に構えて、シンポジウム、審議会等ヤタラ立ち上げて騒ぎ立てる（これらは〝やっています〟の演出にすぎない、何だって我々〈政府、官僚、関係省庁〉は努力しているのです感をカモして結局のところ税金の無駄使いで終えるのがオチだとは巷では一般的に話されているコトです）。

変化し続ける時代のカギとなるのは教育の均質性重視ではなく教育機関の多様性なのですから、世代を超えて一緒に考え討議する場の設定を多く持つべきでしょう。

こういった「事」の浸透が、ひいては「国家観」に繋がるのでは――。

国家観といえば佐渡金山の世界遺産の件での論者の見識に驚くと共に、プロパガンダの恐ろしさを垣間みたような思いがしました。佐渡金山登録は韓国と揉めれば揉めるほど遠くなる。登録基準を全会一致としたのは日本政府（安倍政権）、登録遅延による不利益を被るのは佐渡（日本）であるなど、論点は商業主義を超えた国家の主権であるべきを、国民主権を盾にした民主主義の振りかざしはもっともらしく大衆に受け入れられるのが常態なのでしょう。反論をしても無駄でしょうね、一種のプロパガンダ（当人達はそうは考えていなくても、ですが、考えて発言、発信したのであれば、注視しなければなりません）ですから――。

スルーした方が得策、多くの国民が目覚めたのも事実なのです。これで韓国の次期大統領が与党であろうが野党であろうが道筋はできたと思えます。

　ありがとうございました。

「麻生さん、安倍さんに次いで第二派閥だったのが第三に落ちて第二は茂木さんになるって、なんでも佐藤勉という人は麻生派を脱けて菅元総理と行動を共にするのではとか言われてる。子分は多いに越したことはないけど、その子分にしたって河野さんみたいなのもいるわけだろう、権力欲ってストレスは感じないのかなあ」

（麻生さんが権力欲が強いとはワタシ思いません。安倍、麻生さんお二人は権力有る無しにかかわらず安倍、麻生なんです！　そこに人は魅力を感じますです。——河野さんにしたって麻生さんだから潰されないで済んでいるんです。茂木さんだったら頭のほうでもう駄目です）

「だよな、けど、茂木さんって人は頭良くても何ていうかさ、オーラないっていうか魅力ない人だよなあ」

（ワタシ、あの人見てると負けず嫌いが歩いているような気がするんです。小っちゃなロボコップがガッ！　ガッ！　ってみたいな）

「ロボコップ？　ハァーハッハッハッハッハ、そりゃそうだ、全身負けず嫌いのヨロイを着てな」

（本当に負けず嫌いなんでしょうかねえ）

「なに言ってんの、あんたが言ったんだろう。オレだってそう思うよ、背が小さくて頭良いってのはなんでだかなあ、異常なくらい負けず嫌いが多いような気がするよ」

（貫一、お宮の貫一って背が小さかったのかしらん――。ヤサオトコ、金と力は無かりけりっていうあれは、小男が言ったのかも――です）

「金色夜叉か、あんたも古いねえ。今は、お金持ってる男につくのは当たり前！　って堂々と女が言える時代なんだよなあ」

（お金は使ったら減るんです。ここ掘れワンワンっていう犬というか男はそうはいませんです、バカですねえ）

「女がか？　セクハラ、モラハラだって言われるぞ。クワバラ、クワバラ」

追伸
第二次大戦に勝ったけれど冷戦で負けたというトラウマを抱えるロシアを、欧州は安保体制（欧州の）へどう巻き込むかの長期ビジョンが欠けていた。欧ロに挟まれた不安定なウクライナと、どのような関係が築けるかへの欧州の関心の低さなどがロシアの付け入る隙を生んだ（いつの時代もこのような遅まきの理屈を証文の如く出す手合がおりますが）。為政者が動くに理屈の正しさは必要ないという訳だから理屈を成す言論での対抗は無駄、中国の習氏の取り込みがカギだ。——これも×。プーチン、習氏共に「攻め」の兵站、西側からの制裁対策にも相当にヌカリなく用意しているはず、等々メディアの発信ですが、結局は西側自由陣営の後退というオチとなって決定的な破壊とはならないのでは——。

核が脅威なのは（核を）持たない国、持ってはいても保有数の少ない国や国土面積の大小や人口の多少、国家中枢機関の防衛、防御の優劣等々を考えあわせれば、米・中・ロで生き残れるのは「力」落ちたりとはいえやはり米国なのでは——。

プーチン、習氏の後に続く者は誰かより、バイデン氏に続く者のほうが答えは出やすい。「人間力」を多く持ちえている国が最後には勝つと信じたい人間が多いのが世界なのですから——。

で、日本はどうするのでしょう。「海」こそが日本の資源なのですから海を手離さない為の方法を第一義ラインとするというような法、施策を、政・官・財が共有、熟知して「コト」に当たるべき——（これくらいのことしかワタシには考えられません）。

イランの核合意交渉——気になりますね。

（令和四年二月二十五日）

「戦争反対」と叫んだからではない

「公明党ってもう限界なんじゃないか。自民党に嫌われた、多くの党員もカラクリがわかってきた、とかで攻めようがないいんだよ」

（カラクリってなんです？）

「決まってるだろ、お経唱えたって幸せにはなれない、新聞や本やお布施は結局金取る為の手段なんで、天罰なんてものは本当はないいんじゃないかなあってね」

（天罰はありますです。結局はそんなので公明党も細ります、それこそ天罰。あー神様、仏様のほうが何ぼかましだと思いますです）

「言うだけはタダだもんな、アーメン、ソーメン、ラーメン喰いたいって――これ違うか。また公明党と組むんだそうだ、ガッカリだな」

（やっと切れそうでしたのにねえー）

「岸田さんはダメだわ、己の欲ばかりでなあんもわかってない。参院選に勝って国滅ぶのクチだね、アーア」

（日本っていう国を自分のものと勘違いしてますよねえ）

「あんた、いいこと言うねえー。大局観、国家観、無さすぎ、やっぱバカだわ、ウンザリ、何言う気力もない」

（早くに消えていただかないと、日本アブナーイになりますです）

「あーあもうイヤだ、逃げ出したいよ」

日本維新の会、国民民主とやっと流れができそうな気配なのに、この雰囲気は頂けないと私も思います。

ロシア艦隊が津軽半島巡りをし、中国空軍が遊びに来たりしての状況で、今さらお手々つないで戦闘行為とはならないようにしましょうはないでしょう。公明党のお題目「平和裡にオサメましょう」はもう時代遅れ。加えて公明党は日本の為に何をしてくれたというのか、与党に便乗して票集めしただけだろう、が一般の心ある人達の思いなのですから、公明党と組むはその「思い」をわからない与党（参院選に勝つ為としては相手悪すぎ）という認識になるでしょう――。

どんなにかできた人間でも権力の中枢に長く在れば腐敗するを免れないのは何故か？裸の自分を想像できなくなるからであろう。裸とは何か？　を考えていると果てしない孤独に突き当たりそうで不安、この不安が正体なのか――も。

（ドイツは脱ロシアへ向け液化天然ガス輸入ターミナル基地を建設し、ガス調達の多様化に動きだした。原発全廃の先送り論も浮上するが、ロシア依存脱却の切り札である再生エネルギーの比率を政府（ドイツ）は二〇三〇年までに八割まで高める為導入を加速する、国防費をＧＤＰ比２％超に大幅引き上げる）。

ドイツ政府の迅速さにドイツ国民は我々のものという意識を持つだろうと感心します。この意識が政府を動かし、国を動かすのかとさえ思います、ナチスのような危険性を孕むのでは？　と一瞬不安もよぎりますが、世界に残るそのような「不安な意識」を払拭するべく努力してきたドイツ政府、国民を知っているのも私達です。メルケル首相が有事の際にみせた姿勢には、肩身を狭くして自重しなければならなかった自国を背負いながらの毅然さがみてとれ、その凛とした孤独に胸打たれましたが、この頃の安倍さんにもそれらを感じると同じくしてまた安倍憎し（降ろし）が頭をもたげ始めましたね。

先日、「安倍さんてそんなに悪い人なの？」と聞かれて驚き聞き返しましたら、「グーグルでの日刊ゲンダイなど安倍さんの悪口いっぱいだよ、それに週刊朝日（三月二十五日号）で古賀さんて人が安倍氏の罪を忘れてはいけないなんて書いてるよ。罪だよ！　何でそんなに攻撃されるのかな、悪いから？」

何という素朴な質問。ああそうか、ごく普通の一般人はこうなのだな、がその時の私の気持ちです。気持ちを入れ替えていろいろな話をし、私の考えも伝えましたが正直疲れました。

相手が安倍さんでは弱い者イジメはオカシイ、さりとて安倍さんという存在が怖くて仕方ないもオカシイ（安倍さんはマフィアではない）、あのサラブレッド性が我慢できないはもっとオカシイ（誰にでもあるものではないとは誰もが認めている）。政治の世界だもの、安倍さんを貶めて気分の良い人、得する人は多数いるに違いないから、これはオカシイを通り越している——で、私なりにやっと気がつきました。

どうにもならないからです。何をどうしてもやっても「安倍」は「安倍」で変わらない、何よりもつくらない、つくらないでいられる人というのは悪魔性を持った自己顕示欲の強い者にとっては目障りでタマらなく邪魔な存在なのだそうです。

小沢一郎氏などはそこいら辺がよりわかっていそうな気がしますし、辻元清美さん的自己顕示欲は却下できますが——裏で糸を引いているのは案外と、政商と呼称される人達か宗教法人の類かもしれないな——などと推理したりして——。

強権国家が、秩序を乱しそれらの国を攪乱することによって一部の国をしっかりと自分の支配下におく手法を常道とするのであれば、民主主義国家にある人達はどうあるべきか？　との問いに正解を得るは難しい、がウクライナ紛争の答えでしょう。

日本は他の民主主義国家（小国、大国の区別なく）との経済においてのサプライチェーン作りの強度化を計ると共に、効率主義の「ジャスト・イン・タイム」ばかりではない万一に備えた「ジャスト・イン・ケース」の再構築を計ることで生まれた余力を、自由主義陣営での協働化につなげる役割を果たすべきなのでは――（これくらいしか私は思いつきません）。日本は米国に付いていくか、中国と対話していくかを選ばなければならないときが来ると仮定して（仮定どころではない、現実そうだろう、を傍に置いて）、米・中相手に勝てるモノとは何かを考えれば、何もないという現状で考えられるといえば、日本の課題は高齢化、人口減であるに対して中国も人口減という課題を持つ。この事実は経済面でも深刻な影響となりうるも共通することが、少しは希望的観測を呼ぶか？

米国には米・中の分断回避の仲介役を買って出ますくらいか？　現状では日本の武器は思考体系に基いた外交とならざるを得ないとは思うのですが、外交もいざとなれば使える軍事力を備えていてこそ目的は達せるのですから――やはり核となってしまうのかしらん――。

危機は政治を変える転機にもなり得るとはいわれますが、「いいところ取り」の側面が多かった日本の外交、防衛を、根本から考え直さなければならないのでは？　という機運はウクライナ危機に依るところが大きいとはいっても、現実味を持って国民に受け入れられにくいのは、地理的に遠い地域での戦いであるのと、平和だという意識もなく七十年以上も暮らしてきたという現実です。

グローバル化とデジタル化で瞬時に世界がつながる現在は判断のスピードが問われるにも拘ず、外交、安倍政策遂行には国会を通さなければならない日本が、前例のない事態を乗り越えるには野党との連携を含めた内政の地盤固めが欠かせないはもとより、官公庁の論理に対峙する覚悟も必要となりますよね。安倍さんが提起した核シェアリングは、国民民主、日本維新の会、野党との連携が可能な様子——賛否両論、野党が大々的に論陣を張れるように仕向けられれば、あるいは（日本の政治の重しの平和という感覚が）化けられるかもしれません。事の成否よりもその過程に重きがおかれる時代は平和な状態にあるときだという状況認識から脱けられないのは、言い換えればそれが普通だと思っているから？

優劣の程度は様々にあるにせよ、そうギクシャクせずにまあ一生を終えれば良いんじゃない、ぶつかりあって疲れるのは嫌だものね。この日本人の「普通」の意識が変わるのは「有事」だとすれば、実際の有事に遭ってからではこの瞬時の時代に勝てる訳がないというような話をしていましたら、二十二歳の男子が「いずれにしたって勝てませんよ、日本核ないし、やり返せないというのが致命的でしょ」と言ったのにはオドロキでした。集票を可能にするに何が必要かは若手の方がバリエーションに富むのでは――。理屈に絡め取られて行動の遅くなる高齢者よりはまずは動いてみる（発信してみる）という若手のほうに、危なっかしさを感じながらも希望、光、を見い出したいと願うのが大衆の心理だろうと思います。年末までに外交、防衛の基本方針「国家安全保障戦略」の改定をめざして五月をメドに防衛政策に関する提言をまとめるとする自民党の安全保障調査会が開いた三月十六日の勉強会での大勢の意見は、ＮＡＴＯのような核共有政策は日本では困難。持たず、つくらず、持ち込ませずの非核三原則との整合が問われる。専門家からは非核三原則の見直しは実益がないとの指摘。会合後、宮沢博行国防部会副部会長は非核三原則の見直しを訴える議員はいなかった、（提言には）核共用には触れない方針を示したとの報道でした。非核三原則との整合性に欠けるというのであれば整合できるようにすれば良い訳で、かえって危険になるかもしれませんよ。止めたほうが良いのでは――とは言われても「止めろ！」

とは世界からは言われません。本来、国家の政治とは国益を拡大することでありましょう。国益は参院選に勝つことですなどと、まさか思ってはいないでしょうが――。

ウクライナ人は避難、脱出する方法に陸路で国境を越えるがあります（本当に胸が傷みますが――）。日本はどうか？　海、空を閉じられたら降伏するしかなく、降伏NOならば自力で海、空の一部でもこじ開けなければなりません。こじ開けるに必要なモノを保持しながら閉じられないようにするは何かを考えた場合、核共用もひとつの選択肢として論じる必要があるのではとの提言を、すぐに（あっという間に）戦争という二文字に繋げたがる人達ほどその頭（脳ミソ）の固さが状況を悪化させるに役立ってしまうが解せない。「戦争反対」と叫んでいたから平和な七十数年があった訳ではない。敗戦から立ち上がった私達の祖父母、両親が血の滲むような努力をつないで、経済を復興させ円をグローバルに使えるハード・カレンシーに育てあげたのが平和の大きな要因です。

権威主義国が相手では相互依存関係の深化が自国との衝突を抑止するとは限らないとわかっていない人達（ウクライナ紛争による自由主義国のロシアへの経済封鎖と同じような日本の制裁に対してのロシア政府の答えが、平和条約の交渉を一方的に停止する等の報道を受けても考えが及ばない人達）が、プーチンとファーストネームで呼び合う仲にまでなっていた安倍さんは一体何をしていたか。経済協力等、国庫を無駄に使い、企業に損失を与え、しかもプーチンに何も言わない、言えないとは何事だと騒がしいのにはもう放っておくしかないでしょう。お隣り韓国との問題を考えてみればよほどわかりやすいですよ——と言っても無理か——。

中国人民銀行（中央銀行）が持つ外貨準備高は二月末時点で断トツ世界一、二位の日本の二倍以上で、その七割近くは米国債を中心にドル資産で運用している。米欧日が中央銀行の資産凍結といった「金融兵器」使用に動けば、中国経済はたちまち窮地に陥りその打撃の大きさはロシアの比ではない。米欧日の連携は台湾を武力で統一しようとする中国のシナリオを短期的には遠のかせたとの記事を読んで、新冷戦の主戦場はやはり経済であり、先に消耗した方が負ける持久戦とは現実、と考えておりましたら日本の官民連合が自動運転技術要件の提案で世界の先陣を切れそうだとあり、先陣を切る意味は現時点で競争を優位に進められていることを示し日米案を軸にして今後の開発でもリードを保ちやすくなるとの由、日本はまだやり直せる、と嬉しくなりました。

追伸

ゼレンスキー大統領の日本向けオンライン演説の会場でのこと、岸田総理が右隣に座る林外相に右半身を傾けて何やら話かけている。対して、顔は前を向きながらも足を投げ出して聞いている（？）林外相。お二人の姿をテレビが映しておりましたが、何という品の無さと受け止めたのは私ばかりではなかったのです。

「もう、岸田さんは失格だな。林さんへの友達感覚は公私の私の時だけにしろ！　と言いたいね。仮にも、今戦っている人が演説するんだろうが、他の議員は襟を正して開く姿勢をとっているのにだよ。それに林さんのあの足は何だ、あれが人の話を聞こうとする態度か！」

（まったく、私もそう思いましたです、恥ずかしいです。あの二人では日本もっとダメになりますです）

ウクライナ、ロシア双方とのやりとりで政治的な事情がどのようであったにせよ、明日は我が身。国民を引き連れていく立場にあるは私だという意識と姿勢が、あの岸田首相には感じられませんでした。

このような首相が世界の首脳を相手に軽さ（カロさ）を持ったアイロニーでサラリとか

わすなど望むべくもない、ただ軽い（カルい）だけです（安倍さんは佇いの内に麻生さんは糊の利いた面の内にカロいアイロニーがあると私は感じております）。

軽いといえばこのところの鈴木宗男議員のウクライナ、ロシアに関しての発言には、この程度の感覚でロシア外交をしていたのか？　と一般の人でさえ疑問に思う内容が多いのですが、ひいては、外務官僚もこの程度だったのかもなあとの巷の憶測が一部の噂だけで終われば良いのですが――。

岸田内閣の支持率は上がっているとのこと。私はドイツの機敏さを羨むのですが、この国はまだまだ出る杭は打たれるのでしょう――。

（令和四年三月二十八日）

均質化に慣れてしまった結果……

四月七日、朝日新聞朝刊。

朝日新聞社の編集委員、峯村健司記者が安倍元総理大臣側からの依頼として週刊ダイヤモンド社に電話をし、三月十日にダイヤモンド社が行った安倍元総理のインタビュー記事の内容確認をしたい旨申し入れたことに対して、断ったダイヤモンド社編集部が朝日新聞社へ抗議をした、を受けての朝日新聞の論調。峯村記者の行為は政治家と一体化してメディアに圧力をかけたと受け取られても仕方がない云々というモノでした。圧力をかけなければならない理由がどこにあったと考えたのかの説明なしです。もっともらしい言葉遣いで視点をぼかし、すり替えようとするは相も変わらずですが、朝日は先手を打った心算だったのでしょうが見事に失敗しましたね。朝日の中にも（しかも編集委員）造反者はいるということを、内外に報らしめる朝日新聞の恥をさらに恥じ入る余裕を持てなかったのですから、化けの皮を自らでハガさせる方法もいいものです――。

「安倍さん、防衛費で頑張ってるけど、安倍さんは保守派でも極右寄りだとの方向づけをしたがってるよ」

（いつものように朝日、毎日がですかあー）

「ヤフー、日刊ゲンダイ、なんでそんなに安倍さんが気に障るのかねえー、わからないんだよなあー」

（ワタシはわかりますです、お金も地位も権力も権威を持ってても安心できないのですよ）

「安倍さんて人はいつ相手の首を掻くかわからないっていうような恐ろしさは持っていないだろうよ」

（だから却ってコワインだとワタシ思いますです）

「そうだ、いつかこんな話を聞いたことがある。妬みが高じると憎さを越えて怖くなるのだそうだ」

（あのサラブレッド性はどうにもなりませんて認めてしまえばいいのですよねえ）

「ほんとにその通り、イイこと言うねえ」

（ワタシも認めてくれてありがとうです。イイエ、ワタシはサソリ座の……、サソリの毒はあとで効くのよー、って安倍さんも歌っちゃえばあーです）

「ええ～、イヤーハッハッハッハッハハ、それって美川ちゃんじゃんか。安倍さん知ってるかなあー、麻生さんは知ってそうだけど」

（麻生さんが歌ったらステキすぎてきっとウットリしちゃいますです）

「誰が？　アンタがか、確かに似合いそうではあるけど、イイエじゃなくイヤ、ワタシではなくオレ、後で効くのよーはすぐに効くぜよー。ほんと、気の弱いヤツはシビれるわ」

（ええ、燃えますです）

「あんたいくつよ？　もうすぐ七十五だろうが」

プーチン、習氏が権力を保っていられるのは、自由で透明な民主的手続きを避け、軍も掌握していられるからなのだが、軍を掌握し続ければ軍事費の膨張を招くは必定。ではなるべく早い時点で軍備拡張を思い止まらせる為に必要な手立ては何かと考えればやはり革命ということなのだろうが、革命の方法論は現代には多種、多様にあるように思える。

第一に確立すべきは、どのような状態に在っても正確な情報を送るＡＩの中の精鋭部隊となるＡＩ戦士であろう。ＡＩが天性なるセンスまで持つは可能か？　との問いに「解」を得た民族、国が強大になるは間違いないなどと考えていましたら、人間の「認知空間」が陸、海、空、宇宙、サイバー、に次ぐ六番目に加わったと話す制空権ならぬ「〝制脳権〟をめぐる戦い」という記事があり、大量のデータを送りつける「ＤＤｏＳ攻撃」で社会の混乱を広げる。「認知空間」をウソの情報などでゆがめ人々の感情をコントロールする。そして人々の認識はたやすく情報環境で左右されてしまうが事前に偽情報のファクトシートや軍事侵攻の機微を積極的に公開すれば「誤った情報の抗体をつくるワクチンのような効果がある」と考えられる、と書かれていました。

制脳権に対するワクチンを戦略の中の戦術としての情報戦として考えれば、縦、横、斜め、全ての情報が戦略の中心を貫かなければ意味を持たないでしょう。戦略を円とすれば、戦術である情報は角度、進むも退くも可能な戦術方法でなければ成功とはならないのでは——ツイッターを買収したテスラのマスク氏の思惑？——

ロシアのウクライナ侵攻を抑止できなかった一因は、バイデン氏がウクライナへの米軍派遣について「第三次世界大戦につながる」と否定したことだ。抑止力の要諦は戦略、戦術の手の内を明かさないことであるとの論説。ＮＡＴＯが中東欧諸国に拡大し、ロシアに耐えがたい脅威を与えたことがこの戦いを招いたというプーチン氏の主張。ＮＡＴＯに加盟した中東欧諸国は（ＮＡＴＯに）飲み込まれたのではなく、数十年にわたるソ連の圧政を経て自衛の為に自ら加盟を選んだと説明。ウクライナでのロシア軍の一般市民に対しての仕打ち（拷問や女性への暴行、大量殺人などの非道な行い）を見れば、中東欧諸国のＮＡＴＯ加盟は当然なコトとして捉える人が多いのは事実。

プーチン氏はこの事実を見誤った。力を信奉するが悪いのではなくて力の源は人間であるを軍備だとしたのが間違いなのだ。人間は本来自由を愛し支配されるを好まない。支配されている方が楽だと思える人間でしか支配は可能ではないのだ。権威主義、独裁主義国家をはじめとして世界の指導者層はウクライナ紛争から何を学んだのかはこれから明らかになってくるでしょうが、国の方向の転換は、いまだ国力があるうちに手をつけなければ成功は望めないとは日本にもいえることですよね。そして新しきことは必要が眼に見えるようになってからでは遅い、改革は必要に迫られる前にやってこそ成功も望めるのだとガナって効果を上げられる党はやはり日本維新の会かしら――。

脱炭素やサスティナビリティ（持続可能性）に関するファイナンスが増えている。脱炭素に要する資金は邦貨換算で一京円を超える需要があり、このうち五〇％超はアジアであるとの報道は、ウクライナ紛争によるロシアエネルギーへの依存削減に動く西欧諸国が、ある程度は原発回帰へとシフトせざるを得ない現状をみての、アジア諸国の経済政策がどのようであるかのいち早い察知をシンガポール拠点で行うべきと私は考えます。というのもウクライナ危機はロシアや化石燃料に依存するリスクを気づかせたと解釈し、再生可能エネルギーやバッテリーなどへの一般の投資を求めるのか、米国での化石燃料への投資マネーの流入に乗るか。ただし環境に配慮した資源ではない。最も安全で確実なものに需要が戻るという一時的なものなのかで輸出入に頼る日本経済も対米・中からアジアへとシフトするは必定。中国はゼロコロナ政策の影響で主要農業地域の多くが重要な春の作付けに備える中で、肥料や労働力、種子の深刻な不足に陥っている。コメやトウモロコシなどの生産量の減少は結果的に輸入拡大となって世界の食料インフレを加速させる恐れもあるとの報道をみれば、対策が後手では済まされません。

知識、教養、明晰性、思考力に長けてはいても、それらをまとめて武器とする能力に欠けるでは普通なのでしょう。世界に通じる、必要とされる物、事は武器とできるか否かにかかっているように思われます。しかもその武器とは時代（性）を共用していなければならない、となればやはり天性なるモノにゆきつくのでしょうか？

中印と東南アジアの結節点に位置する要衝であるミャンマーは、いまや中ロが後押しする専制国家の典型例なのに比べて、地政学的リスクも似たようなインドが多くの国と関係を構築できるのは何故か。権力の所在は移り変わるから外国の与野党双方と関係を構築しておくのは外交の鉄則だと身に沁みているからだろうか、民族の底に流れる欧米支配への反感が東西二分法の枠にはめられることを望まず、自らの道を切り開きたいと考えているからか。

インド（人）は経済力と軍事力の二枚のカードを相手に応じて使い分ける、つまりは活用することだけを頭に効果が見込める道を選ぶ、冷静かつ論理的な説得力を持つと評されますが、国家の中枢を担う高官の多くが外国の高い教育を受け、人的交流の経験と広範な人脈を持つという事実は、裏返せばその素となるはカースト制度、ロシアのオルガルヒと変わらないのではと考えれば、対インド戦ともなればバイデン政権が重視する多国間連携の活用（方法）としての資産凍結は効果的、インド（人）が本当は恐怖とするつぼが自由主義なのであれば、いずれ日本もインド外交をソロリと変異させてゆかなければ――（私は、インドがいずれ脅威となるのではないのかなと考えるのです）。表向きは自由主義大国を目指すとしていますが、クアッドにしても連携は形だけという趣きだと感じている人は少なくないでしょう。

日本にとって味方になってくれなくても敵に廻らなければ良いではもう済まされませんよね。

トルコはボスポラス、ダーダネルス両海峡の管理権を定めたモントルー条約に基づき、外国の軍艦が戦時下に海峡の通航を拒否できる条項を適用できる。この適用で黒海を軍事的に閉じている為、ロシアの軍艦は通過が制限されるのだそうですが。

(ウチのカミさん、北海道がロシアに占領されるって騒いでました)

「ああ、うちのヤツもそんなコト言ってたよ。あのロシアならやりそうだしな」

(なんだか、そこここでその噂が出てるのよ。あなた、そうなったらどこへ逃げたら良いかって話まで出てるのよ、って言うから、逃げたってどうせ助かりませんって答えたら、あなただけ死ねばっ！　って言われましたです。女は薄情ですねえー。よおくわかりましたです)

「今さらわかってても遅いけどなあ。オレも何でそんな話になったかと考えたら、ウクライナより前にロシア艦隊が大隅半島廻ったりしてただろう。あれが利いちゃったんだよ、なんで？　が現実になるって、ウクライナみたいになっちゃうんじゃないかってさ」

(あなたの言うようにロシアだったらやりそうです)

「今さらこのトシで鉄砲担げないしな、国が私を必要としているなんて言葉、オレも言ってみたいよ、男だものな」

(ワタシも男です、戦いますです、決して逃げませんです)

「ああ、無理は言わないの！　なんだかなあーロシアのほうが頭良いって思ってたけどやっぱ中国のほうが上だわ。習さんのようなタイプの男は相手がつき合いに疲れるまで待っていられるんだろうなあ。押しても引いてもどうにもなんねえ——」

（あの方、熊です、眼だけ動かす熊）

「あんた、良いとこつくねえ、眼だけ動かすかあ、眼かあ」

国際社会の「日本」に対する認識の低下が止まらないのはどういった理由によるのか？行動の仮定化を第一としてそれの検証が第二、できるだけ早くピリオドが打てる行動を第三とするに当てはめれば、第一はできたとして第二はウヤムヤ、第三に至っては遅いのを通り越している。民主主義の国ですから日本国憲法を遵守すれば遅くなるとの言い訳は、いえ、民主主義という憲法に縛られた国と言い換えたほうが説得力はある。

日本社会に於ても、成功者はその力を新しいイノベーションの創出より自らの既得権保持に行使してしまう人達が多い（M＆Aになりにくい）という現実は、優れた才能でも出自の為にその真価を発揮できない人との格差を広げ、結果、社会を変えるイノベーションを生み出すパワーに不足する事態を招く——。この解決には累進課税の強化と教育の質の改善等での再分配政策の実現が有益と言われ続けているにも拘ず結果として出にくいのは何故なのか？

ゆとり教育を中心とした前後十～十二年間くらいの教育方針は、人間が本来持っている競争と意欲の低下を招いた。結果、人も社会も均質化されるに流され慣れてしまった。これが大きな原因なのでは――。教育の失敗はすぐには取り戻せず直すのも困難ですから、せめて現況の日本を維持する手立てを並行しての人材発掘を性急に確実化させる努力が必要。小学高学年くらいからの飛び級制度案とかを再分配政策にうまく取り入れるなどして人的資本投資を高められるかにかかっていると考えます。

この頃、一般市民でさえも気付き始めたようです。

原油高、物価対策に六兆円上の国債を充てる、低所得者など生活困窮者への支援、予備費を活用して子供一人あたり五万円を（迅速に）支給する等々。

金をバラまけば良いという政府（国会）の考え方が根本的にオカシイから、それらがキチンと正しく使われたのかどうかの精査もできない。端的に言えば、金余りな人ほど金に執着するのだから国債を買うは安全弁としてなだけ。お金を動かすのは悪いコトとは思わない、寧ろ良いコトだけれど税金逃れは当たり前と考えている人から、お金を動かす前に吸い上げる算段すれば良いのよ、というわけです。

この頃ではビットコインの利用者となる人が多くなっていて、取引所や金融機関を介さず、個人や企業の間でやりとりするP2P取引が増えているとのこと。銀行機能が停止してもインターネットが稼働していれば仮想通貨は使えるというのが魅力なのだそうですが、お金を増やそうとして損をするタイプが多いのも事実だそうです。

（令和四年四月二十八日）

追伸

「韓国代表団が来ただろ、面会した岸田首相に対しての韓国メディアの報道は日本側が〝譲歩〟したとの内容になっているんだそうだ。ホレ、みろ、いわんこっちゃない。ええカッコしいなんだよあの男は！　国益をな～んも考えてないんだ」

（どうして会ったんですかあ、韓国に恩を売ろうとでも思ったのかしらん）

「馬鹿言っちゃあいけませんよ、恩にきるどころかもっと寄こせってタカル民族ですよっ！　大体にして、あれだけ経済成長できたのは日本がお金を出したからだろうが、賠償、賠償って。もう韓国の話は止めた！　気分悪い！　吐きそうだ！」

（ほんとう、もうイヤ！　あっち行ってですです）

相手にするのが愚かでも面子を捨てて実をとれないばかりか、とられてしまう的外交失敗は「日本人の〝ＤＮＡ〟なのか」との外国の皮肉に耐えられるほど（私も）強くはありませんが。

安倍さんのあの時点での韓国代表団に向けての発言は（国益を考えた）見事な岸田首相へのフォロー（外交）だったと思います。

（誰が何といおうと現況誰が韓国に対しキチンとした日本の姿勢がとれるのか、裏で物言うは言わないより恥ずかしい）

ありがとうございました。

（令和四年四月二十日）

国は嘘をつかないは嘘である

国は嘘をつかないは嘘であるを立証するは当事国の人達でなければならない。他国の人のそれでは信憑性に欠け「嘘だ」になりかねない。しかるにその嘘を信じている人達はその嘘に従って行動するものだから相手（相手国）との溝は拡がり深くなる。

たとえれば日本と韓国もその部類に属すのだろうけれど、日本と韓国双方の教科書での記述が、両国の関係を歴史に則って精査し双方にとってより真に近い事実としての認識とならなければ、いつまで経ってもその場限りのご都合主義で終わってしまう。

この問題の解決を困難にしている大きな原因は今までの韓国の「時の政府」にあると考えている人は多いのでは――。

「日本憎し」に対して「韓国憎し」とまでは日本の社会はならないでしょうが、その保障はできませんとの思惑を上手く匂わせながら、日本は一ミリとてブレませんよとの姿勢を岸田政権は貫けるか、日本の心ある人達の関心がそのコトにあり、しかもある意味岸田政権の踏絵ともなるまで考えている――。

フィンランド、ノルウェーが劇的な方針転換をしたことで、その地政学が及ぼす影響が計りしれない変化を世界にもたらすであろうというに、「極東の国々は何をどうしたいというのだ」では明らかにもう恥ずかしいですよね。

ウクライナを例にしての民主主義が生き残る（れる）絶対条件は復興であろう。村が町が市が州が国が一丸となっての復興のスピードにある。その為の原資を民主主義国家同士で支え協力し合えるという構図が盤石であること、その為に分担している各国の拠出金の多少にかかわらず、相応の原資が素早く拠出され復興につなげられるというコトができる民、官、文化、人種、国境を越えた独立機関があればこそ、人々は反民主主義への抵抗を現実の希望として実感できるのでは――（国連はイザという時には役に立たない、同じような体系をうたっている組織も同様とは衆目一致）。

クラウドファンディングは誰もが国際社会に影響を与える一人になり得るという魅力をもつのですと鼓舞する等で、その時代時代に勢いを持った会社や一般人は参加（拠出）するでしょう。それぞれの思惑はどうであれ、人の為になれるのは「良いコト」に違いないとは人間誰もが思っている「コト」ですから。

一九九二年の米大統領選でのクリントン氏へのスローガンは「経済（が重要）なんだよ、愚か者」だった。今回の中間選挙でバイデン大統領が向きあうのは「インフレなんだよ、愚か者」という米国民の思いだろう。日本政府はどうか。「バラマキなんだよ、愚か者」という空気がはびこるのでは困るとのコメントを読んで思うのですが。

日本政府がコロナ禍での反省としても患者の診察に責任を持つ医師を明確にする「かかりつけ医の制度づくり」を提唱したに対して、日本医師会はかかりつけ医の認定からこぼれ落ちる医師が出かねないのと、収入が減る医療機関が出る可能性等を指摘して制度化の動きをけん制しているとの由、一般の人達は呆れ返っています。

国の補助金をせしめながら何だかんだと取り繕って知らんぷりしていた地に堕ちた医者など、税金泥棒と言われたって仕方ないだろうという理由です（そうではなかったお医者様もいたけれど少なかったのが現実）。

「バラマキなんだよ、愚か者」から国民の眼を逸らさせるには医師会にご活躍（皮肉）頂いても恐ろしいコトにはならないのでは――寧ろ拍手喝采で、内閣支持率はあがったりして――大局的には、バラマキとみせて防衛、憲法への道筋をつけてしまうべきは許されると考えます。

社会的弱者にはゆとりある心で接しなければという意識を超えて、障害者、子育て支援等に関しても税金の無駄使いが過ぎるとの声が多くあがっています。というのも、それら支援に携わっている人間の数の多さに比べての仕事量の少なさに驚かされる現状を、眼の当たりにすることが多くあり過ぎるからでしょう。「国主導だからやって行かれるけれど民間だったらとうに潰れている、だからこそ国がやらなければにしても、保母、介助三人（くらい）で一日平均して一人、二人の子供、障害者の面倒をみているという現状はいくら何でもやり過ぎ。今や我慢しているのは健常者、税金を取られているほうですよ！」

障害者、子育て世代に問題があるのではなく、国の制度のあり方の問題だとは一般はわかってはいるのですが、それも程度によるという良い見本だと思えます。

現在米国はウクライナへ軍需品を大量供給できているが、米国がいざ（軍需品を）必要とした場合、供給してくれる国があるかといえばないことが問題で、米防衛産業の基盤が劣化しつつあり何よりも熟練労働者と予備部品の在庫の不足は、それら製品を米国防総省に納入している会社の三割が自社以外には作れないと回答。

日本潰しにかかった米国のかつての借りを返させろ！　でチャンス到来です。軍事面でも経済面でも民間企業の動きを国家、安全保障は今や表裏一体、ＡＩだけでなく軍事技術としての重要性も強調しながらの日本半導体協力の基本原則がくずれることのないよう民、官結集し知恵を絞りあう構図の基盤の一例として「アップル」招致という声は好例となりうるのでは？

日本の自衛隊は米国との共同軍事演習を重ねることで情報収集から意志決定、兵站確保、攻撃、効果測定に至る戦い方を学んでいるは勿論でしょうが、ウクライナの軍隊の戦いの仕方で際立つ情報をめぐる「ハイブリッド戦」を眼にすると日本は大丈夫かと不安に思います。

今やＩＴデジタル戦、ハード・ソフト両面での質を満たすことはできても国土防衛で政府、自衛隊（軍）、国民と一体感はあるか？

日本が他国より劣るのは戦争の脅威が国民感情として少ないが故の一体感の無さでしょう。この現実（ウクライナ）を見よと安倍さんをはじめ一部の方々が声を上げても、ソロリとは動いてもまた戻ってしまうこの国民性を防衛意識へと高めるにはと考えれば、もう憲法を改正しましょう――。

憲法改正を促進させるには政権与党は参院選で大勝ではなくとも議員数大幅躍進とならなければ、これからの「日本」の運営に支障をきたすぐらいは考えのある人なら解せるけれど、選挙に勝つ為にバランスを計算しているか？　というような視点を持って政府をみている人達にとっては、そのイニシアチブを握っているのが誰なのかがサッパリわからないのでは――。メタバースにあるような首相とこれまた薄い実相の官房長官と、己が言動が軍配の如くになってしまう（これが戦術とは思い難い）幹事長等だものですから、外野の絆創膏が効き過ぎてカオス状態、これはもう外へ向かったが良さそうに思えます。

インドは四月中旬には「インドは世界に小麦を供給する準備ができている」としていたが一ヶ月で方針を撤回、インド（自国）を記録的な熱波が襲っていることで小麦生産量が予想より減少するという背景に、自国への供給を優先する方針を打ち出し小麦輸出停止の措置を突如決めたとの報道にホラ、キタ！　です。言葉にして言えば原油（ロシア）は安く買えます、食糧（小麦）は高く売れます、漁夫の利は機をみるに敏でなければ駄目という法則。態度をあいまいと（ウクライナに関して）することで戦況がどう転んだとしても大きい責めを負わず、経済に於ても干渉されにくくが戦略とすれば戦術はダンマリと牛歩。テレビで見る限りインドでの実際の熱波は「すごそう」とて私達の眼には映りますが――。

同盟国と同じ土俵に乗るまいと自制する姿勢は重要だとするインドに対しては過剰な反応はみせないことで対処すべきだとしても、クアッドまでも牛歩では困るとは言わないで済む方法としての外交が日本の戦術――これはもう安倍さんしかできません。

政治とは、合理性で動く経済の論理を権力や情念で簡単に飛び越えてしまうことも多いのですよねえ。

欧州はこれまで必ずしも米国と表裏一体ではなかったから仲介役を果たせました。緊張緩和に大きな役割を担ってきた北欧が中立保持ではなくなった今、その流れを止めるは困難でも、力に力だけで対抗していくと、かえって対立をあおる「安全保障のジレンマ」に陥る恐れがあるを知る貴国こそ仲介役ができるのでは——とかおっしゃって（これくらいのことしか私には考えつかないのです、すみません）。

「菓子パンってなんであんなに高いのかなあ」

（手作りだからでしょう）

「えーあんパンが手作りかあ、手作りは和菓子だろうよ、小麦粉こねて、ふくらませて、中にあんとかいろいろ入れて焼いて。考えれば面倒くさいよな。だから高くなるのか、米は炊けば良いんだものな」

（でも、おカズが必要ですよねえ。それが面倒だから、アナタ、朝は食パン、昼はウドンかそば、夜だけゴハンでお茶碗に軽く一杯って、うちのカミさん勝手にわが家法作っちゃってそのまま何年もですです）

「わが家法かあー、うまいこと言うねえ。こないだ玄米買いに行って驚いたよ、白米よりずっと高いんだぜえ」

（どうして玄米なんです？）

「決まってるだろ、身体に良いからさ。出来上がりに時間かかっても炊飯ジャーが炊くんだからどうってことないし、それにこの頃は何かというと糖質制限しろって米は茶碗軽く一杯にした方が良い、炭水化物はなるべく控えましょうとか、オレに言わせりゃ手間暇かけた白米が身体に悪いってどういうことだって言いたいね！」

（どなたにです）

「日本政府にだよ！　削って削ってまん中だけにすると糖質が多くなって美味しくなるけれど量を食べると糖の取り過ぎでよくないって、じゃあ、削り過ぎなきゃ良いんだろうが！　極めて極めて、どんどんエスカレートするから高く売らなきゃ割に合わないし、その米を買ってもらわなきゃもっと困る、要するに玄米で我慢されたら困りますなんだよな」

（だから玄米の方を高く売るんですかあ。わかりませんです）

「オレはもっとわかんない！　減反減反で米を作らせない為に農家に補助金出し始めてもう相当の年数が経っているのにだよ！　何らかの手を打っていれば今頃食べ物自給率は上がってたはずだ！　やたら輸入品増やして、米離れさせようさせようとした揚句、小麦の値段が上がっているのでパンの値段も上がりますだ。いったい、日本人の主食たる米をどうしたいんだよ！　行政が余りにおそまつ過ぎ！　オレら国民も悪いけど、農家も駄目！楽して得するは詐欺！」

（ワタシも悪いです、反省しますです、だから気をしずめてくれないと困りますです）

「誰が！　あんたがか」

（そうです、ここで倒れられて救急車来ると、ワタシも一緒に乗って行きますです。そうしたらうちのカミさんに言われますです）

「何だって言われるんだよ」

（あなたも一緒に入院したらってです）

「アアーー」

金の価値をインフレですり減らさせるは愚か者政府のすること。軍資金としての活用に奇策は？　という記事を読んで――世界中どこを向いても金余りという現象にそれら余剰金をどうすれば国益に還元できるかの課題は、まず何から手をつけるかでその国の未来への方向づけがわかるとは当たり前に考えられることですが、中・ロの領土拡大欲は今に始まったことではなく、米国という国のそもそもの成り立ちから考慮すれば現在の姿は当然のようにも思えますし、宗教的支配が根強い欧州がまとまろうとするのは妥当の選択。植民地、かつて植民地化された国々が脱却するに価するアイデンティティを持つに長い時を要するも皆同じ等々考えますと、その国に生きている人間の気質に合った方向づけ、政策でなければ成功はおぼつかないのですから日本では。国民等しく課せられる税や等しく参加する、できる金の成る木に価する「コト」が最も無難に通用するでしょうね。

自民党の経済成長戦略本部が掲げる「一億総株主」案、ＮＩＳＡ（少額投資非課税制度）の年間投資枠を四十万から拡げることで株主も投資される額も増すのは確実と考えられます。その活用としての案は？　国益となる確実性は？　等々――米・中の対立が深まったとしても、日本は両国と取引できる唯一の大国になれるかもしれないなどと考えれば、その為の投資はあればあるほど良いのでは――などと私は考えます。

「米大統領の台湾関与発言に関して安倍、麻生氏が歓迎」

イエス、と答えたバイデン米大統領の発言を促すうえでの根廻しが適切であったか否かはその時々の状況にもよるけれど、安倍さんのこれまでの台湾に関する発言、行動等の不断の努力が、バイデン大統領の良識の引き出しを開けたのだと受け止めた人は多くあったと思えます（まずは成功――と）。

政治的意図を含んだバイデン氏の計画的失言であったに対し、安倍、麻生氏が「関与発言を歓迎」としてダメ押しをしたのは、やりましたね。政治をするとはこういうコトなのだと嬉しくなりました。

ありがとうございました。

（令和四年五月二十七日）

守るという大局観はあるか？

明治神宮外苑地区を再開発し一千本近くの樹木を伐採して若木を植える。ラグビー場、球場、高層ビルを新設するという計画をいまだ知らない都民。小池都知事らしいパフォーマンスだと単純に「シカト」する都民。一千本近い樹木の伐採による環境の変化を問題とする都民。百合子ちゃん頑張ってえー、負けないでえーの都民。石原元都知事が苦労して貯えた都民のお金を喰い潰すあの女《ひと》らしい発想だね。石原さんがマイナスを出したのは都民銀行（を創ったこと）、小池さんは築地をはじめ全てがマイナス。出尻、タヌキ眼の女は昔から自分のことしか考えないのが多いって本当だなあーの都民。

それにしても再開発で浪費をしなければならない理由とは何でしょう？　東京という日本の首都の使命は国際社会に対しての日本の顔である以上、まずもって身の安全を保証できる場所であらねばならないのですから、地震や津波等の自然災害への備え、核攻撃を受けた場合等の避難場所としての役割を負うわけです。国に付随していろいろな問題の処理に当たらなければなりません。何よりも急がなければならないのは、橋、水道、電柱等老朽化に伴うインフラの整備とのことでしたがその後どうなっているのか――です。

今や東京は金儲けの場ばかりでなく安心して生きられる都市として要求されているのではないのでしょうか？

日銀の黒田総裁の「家計の許容度が高まっている」発言に関して、真の問題点は金融政策の正常化の一歩である緩和縮小にあるを是とするか否かなのでしょうが、デフレ、インフレに関する一般大衆と学者、官僚、政府及要人との感覚のズレが露呈されたに加え、肝心のインフレが賃上げにつながる循環を創り出すは容易ではない、も顕《あら》わになって困るのは一般大衆です。

「ずいぶんと長いこと日本はデフレだったのだな」と思える人は社会を取り巻く環境を考えられるタイプですが、大半の人はそうとは思わず、「物が高くなる、これ以上高くなったらどうしよう困った、インフレは困る、余分が失くなって貯金が薄くなる」。何よりも貯金が減ってしまうのではとの不安ばかりが一人歩きをしている現状をみますと、赤字体質のゾンビ企業や個人事業主への安易な痛み止めやカンフル剤の多用を控えるを、早めるべきと考えます。それによる倒産、失業などの社会、経済の混乱を、産業構造改革を早める為に必要不可欠な事態として処理する能力を現内閣が持ち得るかが課題でしょう。となれば岸田首相の「新しい資本主義」での中の成長戦略としての一億総株主案は可、不可などではない現実味を帯びてくる――。

今や日本の会社では正社員の首を切るは大変なことです（何かといえば権利ばかりを主張する労組が控える）。

年功序列が根強く、能力のある人にプラスの賃金を払えないなど横並びの構図の会社が多いのに加えて、一つの業種に対してメーカーの数が多い等、世界に対抗できる競争力を持つには同業種の会社がまとまりあって大きな塊となり優秀な人材を集めなければならないと考えている経営者も増えている。家計に雇用や賃金の恩恵をもたらすには企業の活性化が第一は言うに及ばずですが、個人の懐を直接温める分配偏重の経済政策ではもはや日本はもたないことは誰の眼にも明らかなのですから、低所得者や失業者へのリカレント教育などを充実させて再度の挑戦を促す環境整備を、国主体で（自治体も）企業の内部留保からの支出を求めながら急ぐべきでしょう。そうであれば、優れた人が高収入となるも、それなりの人はそれなりに納得する、できる（すべき）構図の構築されることでの透明な公平性は、自由主義社会へと通じると国は言えるのではと私は考えるのです（そこで漏れた人の救済は善意として処理されるべきこと）。

「そんなに金が減るのが怖いのか！　なら、死ぬまで持ってろって言ったら、うちのは何て切り返したと思う?」

(孫に残すんですって言ったでしょ)

「何でわかるんだよ、そう、そうなんだよ、十歳の孫にだよ、呆れたね。女ってどこまで馬鹿なのか際限がない」

(シーです、そんなに大きな声はいけませんです。白眼むかれますです。大切なのはお金と子供と孫で私ではありませんです)

「白眼むくのはこっちだろうよ。ロシアに北海道が盗られちゃう、中国が台湾の次に攻めて来るのは日本に決まってるわ、なんて騒ぎながらお金が減るのはイヤですなんて理窟、あんたわかる?」

(ちっともわかりませんです。年金額が減って物価が高くなって、もうこれだけでワァワァ騒いで、死ぬこと忘れちゃってますです)

「あっ、そう、死ぬこと忘れちゃってる。ほんとだな。それ名言! だから女は長生きなんだ」

「頭にきた、生活保護ってけっこう現金貰えるんだよ。独り者で月に七万円弱かちょっと上。それにいろいろな特典があって、結局は四十年も年金納めた国民年金受給者の貰う額より多くなるってのはおかしくないか？」
（ほんと、おかしいってわたしも前から思ってましたです。家のローン払い終えました、子供も一人立ちしました、よく働きました、税金も納め続けました、でやっと手にするお金ですよね。それが税金もロクに払わないで、私の自由でしょ！　で生きて来た人と同じはおかしいってウチのカミさん言いますです。勿論そうではない人も多いのでしょうけどです）

政権交代のたびに振り子のように主要政策が揺れる韓国政治の弊害が露呈するを許容する外国の筆頭が日本との陰口にはウンザリですが、では韓国に対するにどのような政策、施策が必要かと問われれば、これまた日本ほど確たるコトのできない国もないのでは――韓国を刺激するより韓国に譲歩する方がはるかに危険だとする説、韓国を中（ロ）に近づけ過ぎるべきではないとする説等、いずれも一時的な和平にしかつながらないだろうとの思惑での動きをとる両政府は、延々と「停戦」というマジックに添ってゆくしかないのでしょう。あくまでもマジックでしか生きられない両国の均衡が、崩れないで一様の平穏を保ってこられた大きな要因は日本人の気質にあります。その気質が争いを好まない「弱さ」

として他国に受け容れられる失態は避けなければなりません（本当は韓国の教育方針に問題があるを立証するには、まず日本の日本史の記述内容の精査から始めねばならない――が事実）。弱いのではなく寛容なのですが、世界ではそれは通用しなくなってきているを自覚しなければならないのです。

国会議員でいる、在ることは目立った言動で失敗しないことという意識に汚染されるが少ない党は、日本維新だとは一般の心ある人達の認識となりつつあります。

いまだ安倍さんをオトシ、タタイていなければならないのはなぜ？　かえって安倍さんの力を証明しているようなものなのにとも心ある人達は思うわけです。感化される人も相変わらずいるのは事実。日本を守る、日本人を守るという大局観で動いた故吉田首相、岸首相のような遠くを見る政治家は今の日本に一体何人いるでしょう――近くを見るはできても（近くしか見れないは論外）――。

己を進ませるを知っている者は退くも知る者だといわれるではないですか。

己が信念は己で守れ、バカ者よ――ですよね。憲法とは国、国民を守る為の法律と考えている人達が日本の七十数年の平和は日本国憲法に依るところ大と考えて、その先へと進めないのは歴代政府の怠慢とばかり責められませんが、ＧＨＱの洗脳教育を受けた世代がはびこるようになってからの日本のマスメディアや左翼系知識人への対処方法として、憲法解釈の論戦を一般化することでの国民の覚醒を促すという流れを急ぐべきでしょう（憲法改正を目指すと公言した安倍元首相への悪質な偏向、イメージ、捏造報道の類が何の役にも立たないと悟らせ、死に体とするまで、そこまでやるか、が必要）。

有事の際にはアメリカ軍が助けてくれることにはなっていても、日本が核による攻撃を受けた場合、アメリカはその国に対して報復核攻撃はしないだろうということは、今度のウクライナでのアメリカはロシアと全面戦争となることは避けるで実証済と私は思います。

他にもあります、あります。

日本では外国人も自由に土地を購入できるということは、日本を仮想敵国とする外国人の大規模な土地買収を可能にしますし、外国からやってきて帰化した人が、ほどなくして国会議員になるは可能で、公としてのスパイ活動もあり得るなどを、わかりやすく国民に提示しての議論の可視化は政府主導でこそ価値があります。

日本国憲法イコール平和憲法と刷り込まれている人達が圧倒的に多いに加えて、各条文の意味するところを解するどころか条文そのものを知っていないが現状でしょう。

今や世界は核を作らせない為にどうするかではなく、核を使わせない為にどうするかという問題の解答を迫られています。約束事や条約等が簡単に反故となってしまうことをこのウクライナ紛争は世界中の人間に知らしめてしまったのですから、今さら「どうしましょう、こうしましょう」では済みません。

何かといえば撃ってくる北朝鮮。仮に核制裁が解かれた北朝鮮が核凍結、ましてや核放棄するなど夢のまた夢だとは理想主義者でも思うでしょう。

北朝鮮のチュチェ思想は全体制を正当化する為のいわば宗教のようなものですから、それを信じる者の頭に強力な影響力をふるっているが現実はロシアのプーチン化と同じ。根本から確実に断つ姿勢を自由主義社会が協働することでみせつけられないものだろうか？（自由主義陣営が完遂能力を推進することでの専制、社会主義の弱体化を目論むとしかできないにしても）

日本のコンピュータ関連の〝ある技術〟、イーロン・マスク氏が率いる米スペースX社の「スターリンク」という衛星インターネットの仕組み、ミサイルや戦車の重砲は無理にしても銃弾を防ぐに十分な効果が得られる防御壁を３Ｄプリンターで製造できるというような数千ドル規模の技術は軍需への応用は可能、インド太平洋経済枠組み（ＩＰＥＦ）の積極的推進等々。

日本は大衆の正義感を映した従来の外交を踏まえつつ（今や一般の人がＳＮＳ等で意思表明できるので善悪の一元論が勢いを得やすくなっている）、地球は一つとするグローバルアライアンスではなくフラグメント（断片化して平らではない）な提携の時代だとの認識をもって（外交）すべきなのでは――。

現在、人口が十三億人超のアフリカは二〇五〇年には二十五億人近くに増え、世界人口の二十五％を占めるといわれる。しかも中央年齢は二十歳未満（日本は四十八歳）、これは消費意欲が高い巨大市場、しのぎを削ってきたアフリカ開発での日・中の立ち位置は、インフラ開発で勝る中国に分があると大方の国々は見ているは妥当。中国手法を許すまじとしての主要国協調してのアフリカ援助に与するも大事ではありますが、ここはひとつそのインフラ（交通網）を日本の輸出入輸送に上手に利用するは可能でしょう。先進国が環境や人権の大切さを説いても貧しい途上国が欲しいのは輸出先としての先進国の市場開放である、希少金属や食糧、労働生産を供給するのは主に途上国とのコミットメントと富士通が英国企業と連携し、水取引市場を構築して純水の生成から販売、利用までのトレーサビリティ（生産流通履歴）を確保した、との記事を見て農業生産や水に関する技術に優れる日本はそれこそフラグメントではない提携ができそう――と思えます。

インドがクアッドに対しても慎重な姿勢を採り続けるのは、一触即発の状態が続いている中印国境での中国の威圧及び領土拡張を試みたりの行為が、世界に向けて警鐘を鳴らし続けているにも拘ず、国際社会は中国に大した代償を科さないという事実もあるのでしょう。この事実に関しては日本は声を上げるべき。正当性を主張するのは誰にも許されるが自由主義社会なのですから——。

世界最大の民主国であるインドが世界最大の専制国家に覇権を握られる、しかも、アジアで——は許してはならないとの連帯感をインドに感じてもらうべくの努力は、水面下ではない方法で示すが必要と私は考えます。

インドが第三の目になるは間違いない——のでは。

現内閣は、岸田総理と安倍さんが仲が悪いと騒いでくれたメディア等に「ガス抜き」をしてくれてありがとうと感謝するでしょうか?

力強さを感じない内閣、安心できる内閣とは何かが違うというような国民の漠とした現内閣への不安と不満から、メディア等が見事に（国民の）目を逸らせてくれたのです（岸田政権が国民の奥底に滞っている感情を見抜いているとは考えにくい。それほどの冷徹さを備えた人物が控えているに至ってはそれこそ考えられません——）。

堕ちるを止められないメディア（等）は、時の権力に対する国民感情がどのようであるかの洞察力に欠けるばかりでなく、近視眼的な感情で動くメディア（等）だなと捉えられたに至ってはお粗末すぎて笑うに笑えない、と言ってやりたくなりますね（教えても無理かと言いながら）。

今年の夏は暑く長くなりそうです。

お身体を労《いたわ》られますよう――

（令和四年六月二十八日）

貴男に申し訳なくて

私は安倍さんが前人未踏のレガシーになるとは思っていたけれどこのような形を伴うとは思いもよらなかった。慟哭を通り越してただ虚ろである。この国の未来は明るいですか？　などと全く正反対な思いを口にして自らをみているのだ。

私は貴男に申し訳ないコトをしました。貴男もまた人間であるとは考え及んでいなかった自分を知って驚いているのです。

何という愚かさでしょうか。

誓って、戦います。

（令和四年七月十三日）

著者プロフィール

本田 ミトハ（もとだ みとは）

千葉県生まれの日本人。

拝啓 安倍晋三様

2025年3月15日　初版第1刷発行

著　者　本田 ミトハ
発行者　瓜谷 綱延
発行所　株式会社文芸社
〒160-0022　東京都新宿区新宿1－10－1
電話　03-5369-3060（代表）
03-5369-2299（販売）

印刷所　TOPPANクロレ株式会社

ISBN978-4-286-26311-3　JASRAC 出 2408265－401